MAGYARUL MINT OROSZUL 1000 SZÓ MAGYARÁZATTAL

MAGYARUL MINT OROSZUL
1000 SZÓ MAGYARÁZATTAL

ПО-ВЕНГЕРСКИ
КАК ПО-РУССКИ

1000 слов с пояснениями

ANGELIKA REGOSSI

FB Fantastic Bees Publishing

The book's information is stored in the Book in Print database and in the Hungarian National Bibliography.

ISBN 9786150195636 (Hardcover)
ISBN 9786150195629 (Paperback)
ISBN 9786150195643 (ePub e-book)

First Published 2023
FB Fantastic Bees Publishing

Minden barátomnak, akit hátra kellett hagynom.

Всем друзьям, которых мне пришлось оставить.

Idézet

És imbolyogtam az élet hullámain:
szerelemből gyűlöletbe, gyűlöletből erőltetett szerelembe.

Эпиграф

И качалась я на волнах жизни:
от любви к ненависти, от ненависти к вымученной любви.

Tartalom
Содержание

Előszó

Sok magyar szerint nyelvük annyira titokzatos és ritka, hogy aggodalom nélkül beszélhetnek bármit: a külföldiek biztosan nem értik meg. A magyar valóban az egyik legnehezebben tanulható nyelv, és az olyan szavak, mint ez a 44 betűs, hasztalan jelentésű „megszentségteleníthetetlenségeskedéseitekért", sokakat összezavarhatnak. Ennek oka a nyelvi felépítés és az a szokás, hogy mindennek igyekszünk magyar nevet adni, figyelmen kívül hagyva a nemzetközi szavakat.

Ez volt az oka annak, hogy Magyarországon eleinte azt hittem, a magyarok orosz szavakkal kötekednek az orosz akcentusom miatt. Éppen a kommunizmus bukása után történt itt, amikor a gyűlölt szovjet-orosz csapatok még Magyarországon tartózkodtak, és ablakból hallatszott a „Bye-bye, Szása" dal, amely először 1990-ben hangzott el a helyi „Pa-dö-dő" női duett előadásában. A dalt egy Szása nevű orosz katonáról szólt, akitől a magyarok örökre el akartak búcsúzni. Azidőtájt úgy éreztem, mintha nem látnának szívesen Magyarországon, és szavak mint a „бричка" (bricska), „фляжка" (flaska), „музыка" (muzsika), „бригада" (brigád), „цыган" (cigány) – magyar ajkú személy által kiejtve, számomra sértően hangzottak.

Csak később jöttem rá, hogy ez nem így van. A magyarok sok orosz szót használnak, ha tetszik nekik, ha nem.

A több mint ezeréves múlt ad erre magyarázatot, amikor a magyar nomád törzsek a messzi közép-ázsiai kiterjedésekből, valahonnan Szibériából és az Urál-hegységből – aligha tudja bárki is, hogy pontosan honnan – megérkeztek Európába. Hosszú volt az út, sok évtizedet vett igénybe és sok százezer kilométert kellett megtenni. A magyarok lovakon hagyták el Ugor hazájukat nyugatra, ahol az oroszok éltek, majd Kaukázián át haladva érkeztek Nyugat-Európába, a Kárpát-medencébe. Ezen sokéves Ázsiából Európába tartó út során a magyarok orosz nőket vettek feleségül és fogadtak fel szolgának, orosz férfiakat pedig hoztak magukkal munkásnak és rabszolgának. Ekkor kezdett keveredni a magyar és az orosz nyelv. Sok orosz szó vált általánossá a magyarban, és kevés magyar szó honosodott meg az oroszban.

Európába érkezésük után a magyar nomádok vettek észre, hogy a jövedelmező Kárpát-medencéért az Első Bolgár Birodalom, Kelet-Franciaország és Morvaország között komoly harcok folynak. Ezek a hatalmak készek voltak fizetni erős lovas magyaroknak, hogy segítsenek megnyerni a csatákat. A magyarok pedig pénzért és egyéb haszonért cserébe készek voltak harcba menni. Bizonyos idő után a magyar elit azonban úgy döntött, hogy saját részre szerzi meg a vitatott hovatartozású Kárpát-medencét, hogy magyar törzsekkel telepítse azt be. A folyamat lassú volt, a 9. század végén hosszú évekbe telt az új haza meghódítása, annak ellenére, hogy a magyarok, zsoldosként teljesített szolgálatuknak köszönhetően, jól ismerték ezeket a vidékeket. Csak a 10. század elejére voltak képesek birtokba venni a Kárpát-medencét, kiszorítva az ősidők óta itt élő helyi szlávokat.

A nyelv azonban, azok a szavak, amelyeket az emberek nap mint nap használnak ... a kommunikáció fontos eszköze ... A nyelv végigdöngölte a Kárpát-medencét, beékelődött a honfoglaló magyarok és az őslakos szlávok közé. És ismét, mint korábban, a magyarok megtanultak számos orosz szót, és csupán néhány magyart hagytak az oroszok emlékezetére.

Ez a gyűlölet-szerelem kapcsolat fennmaradt évszázadokon át és elkísérte a magyarokat a modern korig.

1848-ban oroszok segítettek leverni a magyar polgári forradalmat az Osztrák Birodalom ellen, ahová Magyarország is tartozott. Majd a második világháború után, amelyben Magyarország a tengelyhatalmak közé tartozott, az 1945 januári fegyverszünet megkötését követően - Magyarországot a nácik alól a szovjet csapatok szabadították fel, akik „jöttek és elfelejtettek távozni", majd évtizedekig magyar földön maradtak. Aztán egy újabb magyar forradalom 1956-ban, ezúttal a Kreml és a kommunisták ellen. Ezt is az oroszok verték le – így hívják a magyarok a szovjet csapatokat. Ezek a csapatok, köztük katona Szása, csak 1991 nyarán vonultak ki Magyarországról.

Ezek az események nagy árnyékot vetnek a magyar-orosz szerelemre.

Ám a posztkommunista Magyarországon új korszak kezdődött, megújult politikával és Oroszország bevonásával tervezett nagy projektekkel. Azoknak, akik érdeklődnek az orosz nyelv iránt, ajánlom az „Ezer Szavam" című könyvet. Minden egyes szóhoz jelentésmagyarázat és kiejtési segédlet tartozik.

Az „Ezer Szavam" által tartalmazott szavak körülbelül egyharmadának magyarul és oroszul ugyanaz – gyorsan megjegyezhető és kiejthető idegen akcentus nélkül. Az „Ezer Szavam" következő harmadában a különbség csupán a hangsúlyban nyilvánul meg, azt a magyarok a szó elejére, míg az oroszok a végére vagy közepére teszik. Az „Ezer Szavam" fennmaradó részében felsorolt szavakat oroszul és magyarul kissé eltérően ejtik, de jelentésük elég könnyen érthető.

Könyvem tartalmát közszavak alkotják, kerültem a szakkifejezéseket: műszaki, üzleti, informatikai, orvosi, geológiai stb. terminológiát. Ezek a szavak a szakembereknek szólnak, az „Ezer Szavam" pedig a széles nyilvánosságnak.

Tehát, amikor a magyarok azt hiszik, hogy a nyelvük olyan titokzatos, hogy senki sem érti, mit mondanak, óvatosnak kell lenniük. Az „Ezer Szavaim" segítségével az oroszok megértik a beszéd egy részét, mivel a nyelvészek szerint az egyszerű beszélgetéshez elég tudni mindössze ezer szót.

Élvezze az orosz nyelv gyors és könnyű tanulását - a könnyebb élet és munka érdekében. Íme az ezer szó, hogy jobban megértsük egymást.

Предисловие

Многие венгры думают, что венгерский язык настолько секретный и редкий, что они могут говорить все что угодно, не опасаясь, что их поймут иностранцы. Действительно, венгерский - один из самых сложных языков в мире, и слова из 44 букв, типа „megszentségteleníthetetlenségeskedéseitekért" с бесполезным значением, могут сбить с толку. Это из-за структуры языка и привычки всё называть по-венгерски, игнорируя международную лексику.

Поэтому, приехав в Венгрию, я думала, что венгры дразнят меня русскими словами из-за моего русского акцента. Это было сразу после развала здесь коммунизма, когда ненавистные советско-российские войска еще стояли в Венгрии и из окон звучала песня „До свидания, Саша", выпущенная в 1990 году местным женским дуэтом „Па-Дё -Дё". Песня была посвящена русскому солдату по имени Саша, с которым венгры хотели попрощаться навсегда.

В то время я чувствовала себя нежеланным гостем в Венгрии, и слова: „бричка" (bricska), „фляжка" (flaska), „музыка" (muzsika), „бригада" (brigád), „цыган" (cigány) - произносимые венгерским ртом, звучали как оскорбление.

Лишь позже я поняла, что это не так. Венгры используют много русских слов, нравится им это или нет.

Это связано более чем с тысячелетней историей, когда венгерские кочевые племена пришли в Европу из далеких среднеазиатских просторов, откуда-то из Сибири и Уральских гор, откуда точно - никто не знает. Этот приход был долгим, занял многие десятилетия и сотни тысяч километров. На лошадях венграм пришлось покинуть свою Угро-родину, взять на запад, туда где жили русские, затем на Кавказский регион, а оттуда на запад Европы - к Карпатскому бассейну. Во время этого многолетнего похода из Азии в Европу венгры брали русских женщин в жёны и прислугу, а русских мужчин — рабочими и рабами. В то время венгерский и русский языки начали смешиваться. Многие русские слова стали обычными в венгерском, а некоторые венгерские слова стали употребляться в русском языке.

По прибытии в Европу, венгерские кочевники заметили большие баталии за выгодный Карпатский бассейн - между Первой Болгарской империей, Восточной Францией и Моравией. Эти державы готовы были платить сильным венграм на лошадях, чтобы они помогли выиграть сражения. А венгры готовы были воевать в обмен на деньги и другую прибыль. Однако, через какое-то время венгерская элита решила завладеть спорным Карпатским бассейном и заселить его венгерскими племенами. Процесс был медленным, с конца 9 века потребовалось много лет, для завоевания новой родины, несмотря на то, что венгры хорошо знали эти земли благодаря своей наемнической работе. Лишь к началу 10 века венгры смогли завладеть Карпатским бассейном, оттеснив местное славянское население, жившее здесь с древнейших времен.

А язык, те слова, которыми люди пользуются каждый день ... важный инструмент общения ... Язык протаривал свой путь в Карпатском бассейне – между венгерскими завоевателями и коренным славянским народом. И снова, как раньше, венгры научились использовать много русских слов, и лишь некоторые венгерские слова дали запомнить русским.

Такие отношения любви и ненависти продолжались веками до современной истории.

В 1848 году русские помогли подавить Венгерскую гражданскую революцию против Австрийской империи, к которой принадлежала Венгрия. Затем, после Второй мировой войны, в которой Венгрия была членом держав Оси, после подписания перемирия в январе 1945 года - Венгрия была освобождена от нацистов советскими войсками, которые „пришли и забыли уйти" и оставались на венгерской земле десятилетиями. Затем другая венгерская революция 1956 года, в этот раз против Кремля и коммунистов. Её тоже подавили русские – так венгры называют советские войска. Эти войска, в том числе солдат Саша, были выведены из Венгрии только летом 1991 года.

Эти события бросили большую тень на венгерско-русскую любовь.

Однако, в пост-коммунистической Венгрии началась новая эра, с обновлённой политикой и большими проектами при участии России. Для тех, кого интересует венгерский язык, предлагаю книгу „Моя Тысяча Слов". Каждое слово с пояснением значения и объяснением произношения. Около трети „Моей Тысячи Слов" одинаковы на венгерском и русском языках — их можно быстро запомнить и сказать без иностранного акцента. Следующую треть „Моей Тысячи Слов" отличает только ударение: венгры ставят его в начале слова, а русские — в середине или в конце. А оставшиеся слова „Моей Тысячи Слов" произносятся в венгерском и русском немного иначе, но похоже и их можно быстро узнать.

В книгу я включила распространенные слова, избегая специальные термины: технические, бизнес, IT, медицинские, геологические и так далее. Эти слова для специалистов, а „Моя Тысяча Слов" — для широкой публики.

Когда венгры думают, что их язык такой секретный, что никто не понимает, о чем они говорят, им надо быть осторожными. С „Моей Тысячей Слов" русские поймут часть разговора. Потому что лингвисты считают, что для простой беседы достаточно знать всего тысячу слов.

Изучайте трудный венгерский язык быстро и легко - для жизни и работы. Вот она - тысяча слов, чтобы лучше понять друг друга.

Néhány (speciális) magyar betű oroszul

a - о *(между „а" и „о", но ближе к „а")*

á - а

cs - ч

dz - дз

dzs - дж

e - э

é - эй

gy - дь

í - ии

ly - й

ny - нь

ó - ё, йо, оо, оу

ö - ё

ő - ёё

s - ш

sz - с

ty - ть

ú - уу

ü - ю

ű - юю

zs - ж

Leírás zárójelben a szó mellett

(= ...) – szinonima
(...) – a szó jelentése

Некоторые (особенные) русские буквы по-венгерски

е - je, ye

ё - jo, ö

ж - zs

й - ly

х - h

ц - c

ч - cs

ш - s

щ - sch, shch

ъ - j *vagy néma betű, keményjel, csak tartson szünetet a szó két betűje között*

ы - i, ij, y, iy

ь - lj *es* y *(gy, ny, szy, ry, ty, vy, stb.)*

ю - ju, ü

я - já, yá

Описание в скобках рядом со словом

(= ...) – синоним

(...) – значение слова

A

abszurd (= értelmetlenség)

абсурд (= бессмысленность)

По-венгерски как по-русски, только с ударением на „аб“.

Oroszul mint magyarul csak a hangsúly a „szurd"-ra került.

adjutáns (katonai rendfokozat)

адъютант (воинское звание)

На венгерском произносится „одъютанш“ с ударением на „од“.

Oroszul „ádjutánt”-nak ejtik, a „tánt” ékezettel.

aggregát (munkagép)

агрегат (механизм)

По-венгерски как по-русски, только с ударением на „аг“.

Oroszul mint magyarul csak a hangsúly a „gát"-ra került.

agitátor (= uszító)

агитатор (= подстрекатель)

По-венгерски как по-русски, только с ударением на „аг“.

Oroszul mint magyarul csak a hangsúly a „tá"-ra került.

agresszor (határsértő első támadó)

агрессор (нападающий первым захватчик)

По-венгерски как по-русски, только с ударением на „аг“.

Oroszul mint magyarul csak a hangsúly a „re”-re került.

akcentus (= hangsúly; idegenszerű kiejtésmód)
акцент (= ударение; иностранное произношение)
На венгерском произносится „окцентуш“ с ударением на „ок“.
Oroszul „ákcent”-nek ejtik, a „cent” ékezettel.

akció (= kedvezmény; cselekvés egy feladat elvégzésére)
акция (= скидка; действие для выполнения задачи)
На венгерском произносится „окцийо“ с ударением на „ок“.
Oroszul „ákcijá”-nak ejtik, az „ák” ékezettel.

akkumulátor (= energiatároló)
аккумулятор (накопитель энергии)
На венгерском произносится „окумулятор“ с ударением на „ок“.
Oroszul „ákumuljátor”-nak ejtik, a „ljá” ékezettel.

album (könyv, zene kiadás azonos képekkel, zenével)
альбом (книжное, музыкальное издание с идентичными изображениями, музыкой)
На венгерском произносится „олбум“ с ударением на „ол“.
Oroszul „áljbom”-nak ejtik, a „bom” ékezettel.

algebra (matematika ága)
алгебра (раздел математики)
По-венгерски произносится точно так же, как по-русски.
Oroszul pontosan úgy ejtik, mint magyarul.

alkohol (szeszes ital)
алкоголь (спиртной напиток)
На венгерском произносится „олкохол“ с ударением на „ол“.
Oroszul „álkogolj”-nak ejtik, a „golj” ékezettel.

amfora (kétfülű cserépedény)
амфора (глиняный сосуд с двумя ручками)
По-венгерски произносится точно так же, как по-русски.
Oroszul pontosan úgy ejtik, mint magyarul.

amortizátor (= lengéscsillapító)
амортизатор (устройство для гашения толчков)
По-венгерски как по-русски, только с ударением на „ам“.
Oroszul mint magyarul csak a hangsúly a „zá"-ra került.

ampulla (parányi forrasztott pici üvegcse)
ампула (крошечная запаянная бутылка)
По-венгерски произносится точно так же, как по-русски.
Oroszul pontosan úgy ejtik, mint magyarul.

amputáció (testrész levágása)
ампутация (отрезание части тела)
На венгерском произносится „омпутациё“ с ударением на „ом“.
Oroszul „ámputácijá"-nak ejtik, a „tá" ékezettel.

anekdota (rövid vicces történet)
анекдот (короткая смешная история)
На венгерском произносится „онекдота“ с ударением на „он“.
Oroszul „ányekdot"-nak ejtik, a „dot" ékezettel.

angyal (Isten hírnöke)
ангел (посланник Бога)
На венгерском произносится „ондьол“ с ударением на „он“.
Oroszul „ángel"-nek ejtik, az „án" ékezettel.

annexió (idegen terület bekebelezése)
аннексия (захват чужой территории)
На венгерском произносится „оннексиё“ с ударением на „он“.
Oroszul „ánekszijá"-nak ejtik, a „nek" ékezettel.

antenna (készülék rádióhullámok kisugárzására, felvételére)
антенна (устройство для излучения, приёма радиоволн)
По-венгерски как по-русски, только с ударением на „ан".
Oroszul mint magyarul csak a hangsúly a „te"-re" került.

aréna (társadalmi küzdőtér)
арена (сооружение для массовых мероприятий)
По-венгерски как по-русски, только с ударением на первое „a".
Oroszul mint magyarul csak a hangsúly a „ré"-re került.

armatúra (kisebb tárgyakból álló felszerelés)
арматура (оборудование из мелких элементов)
По-венгерски как по-русски, только с ударением на „ар".
Oroszul mint magyarul csak a hangsúly a „tú"-ra került.

artéria (véredény amely a vért a szívből szállítja)
артерия (кровеносный сосуд по которому кровь движется
от сердца)
По-венгерски как по-русски, только с ударением на „ар".
Oroszul mint magyarul csak a hangsúly a „té"-re került.

arzenál (katonai felszerelés)
арсенал (военное снаряжение)
На венгерском произносится „орзенал" с ударением на „ор".
Oroszul „árszenál"-nak ejtik, a „nál" ékezettel.

aszfalt (építőanyag; útburkolat)
асфальт (строительный материал; дорожное покрытие)
По-венгерски как по-русски, только с ударением на „ас".
Oroszul mint magyarul csak a hangsúly a „falt"-ra került.

asszimiláció (= beolvadás)
ассимиляция (= смешение)
На венгерском произносится „оссимилациё" с ударением на „ос".
Oroszul „ászimiljácijá"-nak ejtik, a „ljá" ékezettel.

asztag (magas piramis alakú szénakupac)
стог (высокая пирамидообразная куча сена)
На венгерском произносится „остог" с ударением на „ос".
Oroszul „sztog"-nak ejtik.

asztal (bútor)
стол (мебель)
На венгерском произносится „остол" с ударением на „ос".
Oroszul „sztol"-nak ejtik.

asztma (hörgő betegség)
астма (болезнь бронхов)
По-венгерски произносится точно так же, как по-русски.
Oroszul pontosan úgy ejtik, mint magyarul.

atlasz (= térképgyűjtemény)
атлас (сборник географических карт)
По-венгерски произносится точно так же, как по-русски.
Oroszul pontosan úgy ejtik, mint magyarul.

atom (mikroszkopikus részecske)
атом (микроскопическая частица)
По-венгерски произносится точно так же, как по-русски.
Oroszul pontosan úgy ejtik, mint magyarul.

autobiográfia (= önéletrajz)

автобиография (свое жизнеописание)

На венгерском произносится „аутобиографиё" с ударением на первой „а".

Oroszul „áftobiográfijá"-nak ejtik, a „rá" ékezettel.

autográf (saját kézzel írt emlék felirat)

автограф (собственноручная памятная надпись)

На венгерском произносится „аутограф" с ударением на первой „а".

Oroszul „áftográf"-nak ejtik, a „tog" ékezettel.

autó (= gépjármű)

авто (= машина)

На венгерском произносится „ауто" с ударением на „а".

Oroszul „áftá"-nak ejtik, az „áf" ékezettel.

autóbusz (utasszállító gépjármű)

автобус (пассажирское транспортное средство)

На венгерском произносится „аутобус" с ударением на „а".

Oroszul „áftobusz"-nak ejtik, a „to" ékezettel.

autóstop (ingyenes utazás áthaladó közlekedésen)

автостоп (бесплатное передвижение на попутном транспорте)

На венгерском произносится „аутоштоп" с ударением на „а".

Oroszul "áftosztop"-nak ejtik, az "sztop" ékezettel.

azbeszt (= ásvány hegyi vászon)

асбест (= минерал горный лён)

По-венгерски как по-русски, только с ударением на „ас".

Oroszul mint magyarul csak a hangsúly a „byeszt"-re került.

В

bagázsi (= poggyász)
багаж (= поклажа)
На венгерском произносится „богажи" с ударением на „бо".
Oroszul „bágázs"-nak ejtik, a „gázs" ékezettel.

balkon (= erkély)
балкон (выступающая из фасада площадка с перилами)
По-венгерски как по-русски, только с ударением на „бал".
Oroszul mint magyarul csak a hangsúly a „kon"-ra került.

banda (bűnöző csoport)
банда (преступная группа)
По-венгерски произносится точно так же, как по-русски.
Oroszul pontosan úgy ejtik, mint magyarul.

bank (pénzintézet)
банк (финансовое учреждение)
По-венгерски произносится точно так же, как по-русски.
Oroszul pontosan úgy ejtik, mint magyarul.

bankett (hívott ebéd vagy vacsora egy ünnepi asztalnál)
банкет (званый обед и ужин за торжественным столом)
По-венгерски как по-русски, только с ударением на „бан".
Oroszul mint magyarul csak a hangsúly a „kyet"-re került.

bar (nyomás mérték)
бар (мера давления)
По-венгерски произносится точно так же, как по-русски.
Oroszul pontosan úgy ejtik, mint magyarul.

barakk (ideiglenes épület)
барак (временное здание)
По-венгерски как по-русски, только с ударением на „ба“.
Oroszul mint magyarul csak a hangsúly a „rák"-ra került.

barázda (árokszerű mélyedés)
борозда (канавка на почве)
По-венгерски как по-русски, только с ударением на „ба“.
Oroszul mint magyarul csak a hangsúly a „dá"-ra került.

barett (lapos, kerek sapka)
берет (круглая плоская шапка)
На венгерском произносится „борэт“ с ударением на „бо“.
Oroszul „beryet”-nek ejtik, a „ryet” ékezettel.

bazár (= piac)
базар (= рынок)
По-венгерски как по-русски, только с ударением на „ба“.
Oroszul mint magyarul csak a hangsúly a „zár"-ra került.

bál (táncos rendezvény)
бал (мероприятие для танцев)
По-венгерски произносится точно так же, как по-русски.
Oroszul pontosan úgy ejtik, mint magyarul.

bár (ivó és mulatóhely)
бар (питейное заведение)
По-венгерски произносится точно так же, как по-русски.
Oroszul pontosan úgy ejtik, mint magyarul.

bárka (nagyobb vízi jármű)
барка (большее судно)
По-венгерски произносится точно так же, как по-русски.
Oroszul pontosan úgy ejtik, mint magyarul.

bekecs (téli kabát)
бекеш (венгерский сюртук)
На венгерском произносится „бэкэч" с ударением на „бэ".
Oroszul „bikes"-nek ejtik, a „kesh" ékezettel.

benzin (olajtermék; üzemanyag)
бензин (нефтепродукт; моторное топливо)
По-венгерски как по-русски, только с ударением на „бен".
Oroszul mint magyarul csak a hangsúly a „zin"-re került.

bestia (= gonosz; vadállat)
бестия (= подлец; дикий зверь)
На венгерском произносится „бэштийо" с ударением на „бэш".
Oroszul „besztijá"-nak ejtik, a „besz" ékezettel.

beton (építőanyag)
бетон (строительный материал)
По-венгерски как по-русски, только с ударением на „бэ".
Oroszul mint magyarul csak a hangsúly a „ton"-ra került.

Biblia (zsidók és keresztények szent könyve)
Библия (священная книга иудеев и христиан)
По-венгерски произносится точно так же, как по-русски.
Oroszul pontosan úgy ejtik, mint magyarul.

bibliotéka (= könyvtár)
библиотека (= книгохранилище)
По-венгерски как по-русски, только с ударением на „биб".
Oroszul mint magyarul csak a hangsúly a „té"-re került.

biléta (= jegy)
билет (= талон)
На венгерском произносится „билэйта" с ударением на „би".
Oroszul „biljet"-nek ejtik, a „ljet" ékezettel.

biliárd (asztali golyókkal játszott játék)
бильярд (настольная игра с мячами)
По-венгерски как по-русски, только с ударением на „би".
Oroszul mint magyarul csak a hangsúly a „árd"-ra került.

biográfia (= életrajz)
биография (= жизнеописание)
По-венгерски как по-русски, только с ударением на „би".
Oroszul mint magyarul csak a hangsúly a „rá"-ra került.

blokád (elszigetelés a külvilágtól)
блокада (изоляция от внешнего мира)
На венгерском произносится „блокад" с ударением на „бло".
Oroszul „blákádá"-nak ejtik, a „ká" ékezettel.

blöff (megtévesztő magatartás)
блёф (вводящее в заблуждение поведение)
По-венгерски произносится точно так же, как по-русски.
Oroszul pontosan úgy ejtik, mint magyarul.

blúz (női ing)
блуза (женская рубашка)
На венгерском произносится „блюз".
Oroszul „bluzká"-nak ejtik, a „bluz" ékezettel.

bodnár (= kádár)
боднар, бондарь (= бочкарь)
По-венгерски произносится точно так же, как по-русски.
Oroszul pontosan úgy ejtik, mint magyarul.

bohém (könnyelmű életvitelű)
богема (легкомысленный образ жизни)
На венгерском произносится „бохэйм" с ударением на „бо".
Oroszul „bágémá"-nak ejtik, a „gé" ékezettel.

bojkott (kapcsolatok megszüntetése)
бойкот (прекращение отношений)
По-венгерски как по-русски, только с ударением на „бой".
Oroszul mint magyarul csak a hangsúly a „kot"-ra került.

bojler (= kazán)
бойлер (= котел)
По-венгерски произносится точно так же, как по-русски.
Oroszul pontosan úgy ejtik, mint magyarul.

boksz (= ökölvívás)
бокс (спорт)
По-венгерски произносится точно так же, как по-русски.
Oroszul pontosan úgy ejtik, mint magyarul.

bolha (vérszívó rovar)
блоха (кровососущее насекомое)
На венгерском произносится „больха" с ударением на „бо".
Oroszul „bláhá"-nak ejtik, a „há" ékezettel.

bomba (= robbanószerkezet)
бомба (взрывное устройство)
По-венгерски произносится точно так же, как по-русски.
Oroszul pontosan úgy ejtik, mint magyarul.

bon (kölcsön dokumentum)
бон (кредитный документ)
По-венгерски произносится точно так же, как по-русски.
Oroszul pontosan úgy ejtik, mint magyarul.

bordó (sötétvörös szín)
бордо (тёмно-красный цвет)
По-венгерски как по-русски, только с ударением на „бор“.
Oroszul mint magyarul csak a hangsúly a „dó"-ra került.

bordűr (= szegély)
бордюр (= край, кромка, борт)
По-венгерски как по-русски, только с ударением на „бор“.
Oroszul mint magyarul csak a hangsúly a „dűr"-ra került.

borona (földművelő eszköz)
борона (орудие для обработки почвы)
По-венгерски как по-русски, только с ударением на „бо“.
Oroszul mint magyarul csak a hangsúly a „ná"-ra került.

borotva (borotválkozó vágószerszám)
бритва (режущий инструмент для бритья)
На венгерском произносится „боротва“ с ударением на „бо“.
Oroszul „britvá"-nak ejtik, a „brit" ékezettel.

bödön (fedeles magas és nagy edény)
бидон (= жбан)
На венгерском произносится „бёдён“ с ударением на „бё“.
Oroszul „bidon"-nak ejtik, a „don" ékezettel.

börze (intézmény, ahol üzletet kötnek)
биржа (учреждение где заключают для сделки)
На венгерском произносится „бёрзэ" с ударением на „бёр".
Oroszul „birzsá"-nak ejtik, a „bir" ékezettel.

bricska (személyszállító lovaskocsi)
бричка (конная повозка для перевозки пассажиров)
По-венгерски произносится точно так же, как по-русски.
Oroszul pontosan úgy ejtik, mint magyarul.

brigád (munka vagy katonai csapat)
бригада (трудовой или военный отряд)
На венгерском произносится „бригад" с ударением на „бри".
Oroszul „brigádá"-nak ejtik, a „gá" ékezettel.

brikett (tömörített anyag)
брикет (спрессованный материал)
По-венгерски как по-русски, только с ударением на „бри".
Oroszul mint magyarul csak a hangsúly a „ket"-re került.

briliáns (csiszolt gyémánt)
бриллиант (полированный алмаз)
На венгерском произносится „брилианш" с ударением на „бри".
Oroszul „briljiánt"-nak ejtik, az „ánt" ékezettel.

brindza (Nagy-Magyarországról származó juhtúró)
брынза (овечий сыр времен Великой Венгрии)
По-венгерски произносится точно так же, как по-русски.
Oroszul pontosan úgy ejtik, mint magyarul.

brokkoli (zöldség)
брокколи (овощ)
По-венгерски произносится точно так же, как по-русски.
Oroszul pontosan úgy ejtik, mint magyarul.

bronz (réz különféle)
бронза (сплав меди)
На венгерском произносится „бронз“.
Oroszul „bronzá”-nak ejtik, a „bron” ékezettel.

bross (ékszer ruhákhoz)
брошь (ювелирное изделие на одежду)
По-венгерски произносится точно так же, как по-русски.
Oroszul pontosan úgy ejtik, mint magyarul.

brosúra (kis rövid könyv)
брошюра (короткая книжечка)
По-венгерски как по-русски, только с ударением на „бро“.
Oroszul mint magyarul csak a hangsúly a „sú”-ra került.

bruttó (levonások nélküli érték)
брутто (величина без вычетов)
По-венгерски произносится точно так же, как по-русски.
Oroszul pontosan úgy ejtik, mint magyarul.

buldózer (= talajmunkagép)
бульдозер (землеройная машина)
По-венгерски как по-русски, только с ударением на„ бу“.
Oroszul mint magyarul csak a hangsúly a „dó"-ra került.

bunker (= menedékhely, kazamata)
бункер (= убежище, каземат)
По-венгерски произносится точно так же, как по-русски.
Oroszul pontosan úgy ejtik, mint magyarul.

burján (gyomok sűrűjei)
бурьян (заросли сорной травы)
По-венгерски как по-русски, только с ударением на „бу“.
Oroszul mint magyarul csak a hangsúly a „ján"-ra került.

büdzsé (pénzügyi terv)
бюджет (финансовый план)
На венгерском произносится „бюджэй“ с ударением на „бю“.
Oroszul „büdzset"-nek ejtik, az „zset" ékezettel.

büfé (bútor; kis étkező)
буфет (мебель; небольшая закусочная)
На венгерском произносится „бюфэй“ с ударением на „бю“.
Oroszul „bufet"-nek ejtik, a „fet" ékezettel.

C

celofán (átlátszó fólia)

целлофан (прозрачная пленка)

По-венгерски как по-русски, только с ударением на „це".

Oroszul mint magyarul csak a hangsúly a „fán"-ra került.

cement (építőanyag)

цемент (строительный материал)

По-венгерски как по-русски, только с ударением на „це".

Oroszul mint magyarul csak a hangsúly a „ment"-re került.

centiméter (hosszmérték; = mérőszalag)

сантиметр (единица длины; = рулетка)

На венгерском произносится „цэнтимэйтэр" с ударением на „цэн".

Oroszul „szántimjetr"-nek ejtik, a „mjetr" ékezettel.

cenzor (kiadvány hatósági ellenőr)

цензор (официальный инспектор публикаций)

По-венгерски произносится точно так же, как по-русски.

Oroszul pontosan úgy ejtik, mint magyarul.

céh (kereskedelmi és kézműves társaság; termelő helyiség)

цех (торгово-ремесленная корпорация; производственное
помещение)

По-венгерски произносится точно так же, как по-русски.

Oroszul pontosan úgy ejtik, mint magyarul.

cékla (zöldség)
свекла (овощ)
На венгерском произносится „цэйкла“ с ударением на „цэй“.
Oroszul „szveklá”-nak ejtik, a „lá” ékezettel.

cél (= végpont)
цель (= мета)
На венгерском произносится „цэйл“.
Oroszul a „celj”-nek ejtik.

cigaretta (dohánytermék)
сигарета (табачное изделие)
На венгерском произносится „цигорэта“ с ударением на „ци“.
Oroszul „szigárjetá”-nak ejtik, a „rje” ékezettel.

cigány (= roma; nép)
цыган (= рома; народ)
На венгерском произносится „цигань“ с ударением на „ци“.
Oroszul „cigán”-nak ejtik, a „gán” ékezettel.

cikcakk (szaggatott vonal)
зигзаг (= загогулина)
На венгерском произносится „цикцок“ с ударением на „цик“.
Oroszul „zigzág”-nak ejtik, a „zág” ékezettel.

cink (kémiai elem)
цинк (химический элемент)
По-венгерски произносится точно так же, как по-русски.
Oroszul pontosan úgy ejtik, mint magyarul.

ciszterna (zárt tartály)
цистерна (закрытая ёмкость)
По-венгерски как по-русски, только с ударением на „ци".
Oroszul mint magyarul csak a hangsúly a „te"-re került.

citadella (= fellegvár)
цитадель (= крепость)
На венгерском произносится „цитодэлла" с ударением на „ци".
Oroszul „citádelj"-nek ejtik, a „delj" ékezettel.

coboly (állat; szőrme)
соболь (животное; мех)
На венгерском произносится „цобой" с ударением на „цо".
Oroszul „szobolj"-nak ejtik, a „szo" ékezettel.

commodore (katonai szó)
коммодор (военное слово)
По-венгерски как по-русски, только с ударением на „ко".
Oroszul mint magyarul csak a hangsúly a „dor"-ra került.

Cs

csája (erős tea)

(крепкий) **чай**

На венгерском произносится „чайо“ с ударением на „ча“.
Oroszul a „csáj”-nak ejtik.

csárda (magyar vendégfogadó)

чарда (венгерский трактир)

По-венгерски произносится точно так же, как по-русски.
Oroszul pontosan úgy ejtik, mint magyarul.

csekk (fizetési meghagyás)

чек (платежное поручение)

По-венгерски произносится точно так же, как по-русски.
Oroszul pontosan úgy ejtik, mint magyarul.

cseresznye (gyümölcs; fa)

черешня (фрукт; дерево)

На венгерском произносится „чэрэсньэ“ с ударением на „чэ“.
Oroszul „cseresnyá”-nak ejtik, a „res” ékezettel.

csíz (madár)

чиж (птица)

На венгерском произносится „чииз“.
Oroszul a „csizs”-nek ejtik.

csobán (= juhász)

чабан (= пастух)

По-венгерски как по-русски, только с ударением на „ча".
Oroszul mint magyarul csak a hangsúly a „bán"-ra került.

csoda (= varázslat)

чудо (= диво)

На венгерском произносится „чода" с ударением на „чо".
Oroszul „csudo"-nak ejtik, a „csu" ékezettel.

csuka (hal)

щука (рыба)

На венгерском произносится „чука" с ударением на „чу".
Oroszul „schuká"-nak ejtik, a „schu" ékezettel.

D

defekt (= üzemzavar)
дефект (= повреждение)
По-венгерски как по-русски, только с ударением на „дэ“.
Oroszul mint magyarul csak a hangsúly a „fekt"-re került.

deklaráció (hivatalos kijelentés, dokumentum)
декларация (официальное заявление, документ)
На венгерском произносится „дэкларациё“ с ударением на „дэк“.
Oroszul „deklárácijá"-nak ejtik, a „rá" ékezettel.

dekoráció (= díszítés)
декорация (= украшение)
На венгерском произносится „дэкорациё“ с ударением на „дэ“.
Oroszul „dekárácijá"-nak ejtik, a „rá" ékezettel.

delikátesz (ritka vagy drága ennivaló)
деликатес (редкий или дорогой продукт)
По-венгерски как по-русски, только с ударением на „де“.
Oroszul mint magyarul csak a hangsúly a „tesz"-re került.

demagóg (= népbolondító)
демагог (обманщик народа)
По-венгерски как по-русски, только с ударением на „де“.
Oroszul mint magyarul csak a hangsúly a „góg"-ra került.

depó (= raktár)
депо (= склад)
По-венгерски как по-русски, только с ударением на „де".
Oroszul mint magyarul csak a hangsúly a „pó"-ra került.

despota (= zsarnok)
деспот (= тиран)
На венгерском произносится „дэшпота" с ударением на „дэш".
Oroszul „dyeszpot"-nak ejtik, a „dyesz" ékezettel.

deszant (katonai szó)
десант (военное слово)
По-венгерски как по-русски, только с ударением на „де".
Oroszul mint magyarul csak a hangsúly a „szánt"-ra került.

deszka (lapos faanyag)
доска (плоский пиломатериал)
На венгерском произносится „дэска" с ударением на „дэс".
Oroszul „doszká"-nak ejtik, a „ká" ékezettel.

desszert (édes étel)
десерт (сладкое блюдо)
По-венгерски как по-русски, только с ударением на „де".
Oroszul mint magyarul csak a hangsúly a „ert"-re került.

dezertőr (katona szökevény)
дезертир (= уклонист)
На венгерском произносится „дэзэртёр" с ударением на „дэ".
Oroszul „djezertir"-nek ejtik, a „tir" ékezettel.

démon (gonosz szellem)
демон (злой дух)
По-венгерски произносится точно так же, как по-русски.
Oroszul pontosan úgy ejtik, mint magyarul.

dikció (a szavak tiszta kiejtése)
дикция (понятное произношение слов)
По-венгерски произносится точно так же, как по-русски.
Oroszul pontosan úgy ejtik, mint magyarul.

diktatúra (politikai rezsim)
диктатура (политический режим)
По-венгерски как по-русски, только с ударением на „дик“.
Oroszul mint magyarul csak a hangsúly a „tú"-ra került.

diktátor (kemény vezető)
диктатор (жёсткий руководитель)
По-венгерски как по-русски, только с ударением на „дик“.
Oroszul mint magyarul csak a hangsúly a „tá"-ra került.

dinamit (robbanóanyag)
динамит (взрывчатая смесь)
По-венгерски как по-русски, только с ударением на „ди“.
Oroszul mint magyarul csak a hangsúly a „mit"-re került.

dinasztia (= uralkodóház)
династия (правящий род)
По-венгерски как по-русски, только с ударением на „ди“.
Oroszul mint magyarul csak a hangsúly a „ná"-ra került.

dinnye (gyümölcs)
дыня (фрукт)
На венгерском произносится „диньэ“ с ударением на „ди“.
Oroszul „dinyjá"-nak ejtik, a „di" ékezettel.

diploma (= oklevél)
диплом (= аттестат)
На венгерском произносится „диплома" с ударением на „дип".
Oroszul „diplom"-nak ejtik, a „lom" ékezettel.

direktíva (= irányelv)
директива (= указание)
По-венгерски как по-русски, только с ударением на „ди".
Oroszul mint magyarul csak a hangsúly a „tí"-re került.

direktor (= igazgató)
директор (= руководитель)
По-венгерски как по-русски, только с ударением на „ди".
Oroszul mint magyarul csak a hangsúly a „re"-re került.

diszciplína (= fegyelem)
дисциплина (= организованность)
По-венгерски как по-русски, только с ударением на „ди".
Oroszul mint magyarul csak a hangsúly a „lí"-re került.

diszkrimináció (hátrányos megkülönböztetés)
дискриминация (невыгодное различение)
На венгерском произносится „дискриминациё" с ударением на „дис".
Oroszul „diszkriminácijá"-nak ejtik, a „ná" ékezettel.

diszpécser (= munkairányító)
диспетчер (= координатор)
По-венгерски как по-русски, только с ударением на „ди".
Oroszul mint magyarul csak a hangsúly a „pé"-re került.

disztancia, distancia (= távolság)
дистанция (= расстояние)
По-венгерски как по-русски, только с ударением на „ди".
Oroszul mint magyarul csak a hangsúly a „tán"-ra került.

diverzáns (= szabotőr)

диверсант (= саботер)

На венгерском произносится „дивэрзанш“ с ударением на „ди“.
Oroszul „diverszánt”-nak ejtik, a „szánt” ékezettel.

diverzió (katonai hadművelet)

диверсия (военная операция)

На венгерском произносится „дивэрзиё“ с ударением на „ди“.
Oroszul „diverszijá”-nak ejtik, a „ver” ékezettel.

dívány (bútor)

диван (мебель)

На венгерском произносится „диивань“ с ударением на „дии“.
Oroszul „díván”-nak ejtik, a „ván” ékezettel.

divízió (katonai egység 500-tól 2500 főig)

дивизия (войсковое соединение от 500 до 2500 человек)

На венгерском произносится „дывиизиё“ с ударением на „ды“.
Oroszul „divízijá”-nak ejtik, a „ví” ékezettel.

dízel (olajtermék; üzemanyag)

дизель (нефтепродукт; моторное топливо)

На венгерском произносится „дизэл“ с ударением на „ди“.
Oroszul „dizelj”-nek ejtik, a „di” ékezettel.

dokk (= hajógyár)

док (= верфь)

По-венгерски произносится точно так же, как по-русски.
Oroszul pontosan úgy ejtik, mint magyarul.

doktor (= orvos)
доктор (= врач)
По-венгерски произносится точно так же, как по-русски.
Oroszul pontosan úgy ejtik, mint magyarul.

dokumentáció (dokumentumkészlet)
документация (совокупность документов)
На венгерском произносится „докумэнтациё" с ударением на „до".
Oroszul „dokumentácijá"-nak ejtik, a „tá" ékezettel.

dolmány (huszárkabát)
доломан (куртка гусара)
На венгерском произносится „долмань" с ударением на „дол".
Oroszul „dolomán"-nak ejtik, a „mán" ékezettel.

donor (valaki, aki adományoz valamit: vért, vesét, pénzt)
донор (тот, кто что-то жертвует: кровь, почку, деньги)
По-венгерски произносится точно так же, как по-русски.
Oroszul pontosan úgy ejtik, mint magyarul.

dosszié (= mappa; = iratcsomó)
досье (= папка; пакет документов)
По-венгерски как по-русски, только с ударением на „до".
Oroszul mint magyarul csak a hangsúly az „é"-re került.

dotáció (= szubvenció)
дотация (= субсидия)
На венгерском произносится „дотациё" с ударением на „до".
Oroszul "dotácijá"-nak ejtik, a „tá" ékezettel.

doziméter (= sugárzásmérő)
дозиметр (измеритель радиации)
По-венгерски как по-русски, только с ударением на „до".
Oroszul mint magyarul csak a hangsúly a „zi"-re került.

drazsé (kis kerek cukorkák vagy gyógyszerek)
драже (мелкие круглые конфетки или лекарства)
По-венгерски как по-русски, только с ударением на „дра".
Oroszul mint magyarul csak a hangsúly a „zsé"-re került.

dráma (szomorú események tragikus vég nélkül)
драма (печальные события без трагического финала)
По-венгерски произносится точно так же, как по-русски.
Oroszul pontosan úgy ejtik, mint magyarul.

dreadnought (nagy csatahajó)
дредноут (крупный боевой корабль)
По-венгерски как по-русски, только с ударением на „дред".
Oroszul mint magyarul csak a hangsúly a „no"-ra került.

drenázs (folyadék eltávolítása)
дренаж (удаление жидкости)
По-венгерски как по-русски, только с ударением на „дре".
Oroszul mint magyarul csak a hangsúly a „názs"-ra került.

drezina (mechanikus vasúti szekér)
дрезина (механическая тележка на рельсах)
По-венгерски как по-русски, только с ударением на „дре".
Oroszul mint magyarul csak a hangsúly a „zi"-re került.

dublőr (helyettesítő színész)
дублёр (запасной актёр)
По-венгерски как по-русски, только с ударением на „дуб".
Oroszul mint magyarul csak a hangsúly a „lőr"-ra került.

durák (vesztes a játékban)
дурак (проигравший в игре)
По-венгерски как по-русски, только с ударением на „ду“.
Oroszul mint magyarul csak a hangsúly a „rák"-ra került.

Dzs

dzsem (= lekvar)
джем (= варенье)
По-венгерски произносится точно так же, как по-русски.
Oroszul pontosan úgy ejtik, mint magyarul.

dzsömper (gallér nélküli pulóver)
джемпер (свитер без воротника)
На венгерском произносится „джюмпэр“ с ударением на „джюм“.
Oroszul „dzsemper”nek ejtik, a „dzsem” ékezettel.

dzsungel (sűrű erdőség)
джунгли (густой лес)
На венгерском произносится „джюнгэл“ с ударением на „джюн“.
Oroszul „dzsungli”-nek ejtik, a „dzsun” ékezettel.

E

ebéd (étkezés a nap közepén)

обед (приём пищи в середине дня)

На венгерском произносится „эбэйд“ с ударением на первую „э“.

Oroszul „ábed"-nek ejtik, a „bed" ékezettel.

ecet (savanyú ételízesítő)

оцет (= уксус)

На венгерском произносится „эцэт“ с ударением на первую „э“.

Oroszul „ocet"-nek ejtik, a „cet" ékezettel.

egzámen (= vizsga)

экзамен (= тест)

По-венгерски произносится точно так же, как по-русски.

Oroszul pontosan úgy ejtik, mint magyarul.

elixír (= csodaszer)

эликсир (= чудо-лекарство, панацея)

По-венгерски как по-русски, только с ударением на „э“.

Oroszul mint magyarul csak a hangsúly a „xír"-re került.

email (= zománc; üveges bevonat)

эмаль (стекловидное покрытие)

По-венгерски как по-русски, только с ударением на „э“.

Oroszul mint magyarul csak a hangsúly a „ma"-ra került.

embléma (vállalati logo)
эмблема (фирменный знак)
По-венгерски как по-русски, только с ударением на „эм“.
Oroszul mint magyarul csak a hangsúly a „ lé"-re került.

emigráció (végleges kilakoltatás a hazájából)
эмиграция (выселение из родной страны навсегда)
На венгерском произносится „эмиграцие“ с ударением на „э“.
Oroszul „emigrácijá"-nak ejtik, a „rá" ékezettel.

emóció (lelki folyamat ember akarata ellenére, mint
szorongás, ijedség)
эмоция (психический процесс против воли человека, как
тревога, испуг)
На венгерском произносится „эмоуцие“ с ударением на „э“.
Oroszul „emocijá"-nak ejtik, a „mo" ékezettel.

emulzió (keverék nem keveredő egymásban folyadékok)
эмульсия (смесь несмешивающихся жидкостей)
На венгерском произносится „эмулзие“ с ударением на „э“.
Oroszul „emuljszijá "-nak ejtik, a „mu" ékezettel.

enciklopédia (tudományos kézikönyv)
энциклопедия (научное справочное пособие)
По-венгерски как по-русски, только с ударением на „эн“.
Oroszul mint magyarul csak a hangsúly a „pé"-re került.

enteriőr (a helyiség belső elrendezése)
интерьер (внутреннее устройство помещения)
На венгерском произносится „энтерёр“ с ударением на „эн“.
Oroszul „enteryjer"-nek ejtik, a „jer" ékezettel.

epidémia (= járvány)
эпидемия (= мор)
По-венгерски как по-русски, только с ударением на „э“.
Oroszul mint magyarul csak a hangsúly a „dé"-re került.

epiláció (közel végleges szőrtelenítés)
эпиляция (удаление волос надолго)
На венгерском произносится „эпиляциё“ с ударением на „э“.
Oroszul „epiljácijá"-nak ejtik, a „ljá" ékezettel.

epizód (kis esemény)
эпизод (небольшое событие)
По-венгерски как по-русски, только с ударением на „э“.
Oroszul mint magyarul csak a hangsúly a „zód"-ra került.

epolet (katonai vállrojt)
эполет (военный погон)
По-венгерски как по-русски, только с ударением на „э“.
Oroszul mint magyarul csak a hangsúly a „let"-re került.

erekció (= merevedés)
эрекция (половое возбуждение)
На венгерском произносится „эрекциё“ с ударением на „э“.
Oroszul „erekcijá"-nak ejtik, a „rek" ékezettel.

erózió (= talajpusztítás)
эрозия (разрушение почвы)
На венгерском произносится „эроузиё“ с ударением на „э“.
Oroszul „erozijá"-nak ejtik, a „ro" ékezettel.

erudíció (átfogó tudás)
эрудиция (всесторонние познания)
На венгерском произносится „эрудициё“ с ударением на „э“.
Oroszul „erudicijá "-nak ejtik, a „di" ékezettel.

esszencia (= lényeg; koncentrált anyag)
эссенция (= сущность; концентрированное вещество)
По-венгерски как по-русски, только с ударением на „э“.
Oroszul mint magyarul csak a hangsúly az „en"-re került.

etalon (= mintapéldány)
эталон (= образец)
По-венгерски как по-русски, только с ударением на „э“.
Oroszul mint magyarul csak a hangsúly a „lon"-ra került.

etap (= szakasz)
этап (= стадия)
По-венгерски как по-русски, только с ударением на „э“.
Oroszul mint magyarul csak a hangsúly az „ap"-ra került.

etika (erkölcsi szabályok rendszere)
этика (система моральных правил)
По-венгерски произносится точно так же, как по-русски.
Oroszul pontosan úgy ejtik, mint magyarul.

etikett (viselkedési szabályok)
этикет (правила поведения)
По-венгерски как по-русски, только с ударением на „э“.
Oroszul mint magyarul csak a hangsúly a „ket"-re került.

etnográfia (= néprajz)
этнография (= народоведение)
По-венгерски как по-русски, только с ударением на „эт“.
Oroszul mint magyarul csak a hangsúly a „rá"-ra került.

exkavátor (földmunkagép)

экскаватор (землеройная машина)

По-венгерски как по-русски, только с ударением на „э".

Oroszul mint magyarul csak a hangsúly a „vá"-ra került.

expedíció (hosszú célút)

экспедиция (длительный целевой поход)

На венгерском произносится „экспэдициё" с ударением на „экс".

Oroszul „ekszpedicijá"-nak ejtik, a „di" ékezettel.

exteriőr (az épület külseje)

экстерьер (внешний облик сооружения)

По-венгерски как по-русски, только с ударением на „экс".

Oroszul mint magyarul csak a hangsúly az „őr"-ra került.

É

éra (= korszak)

эра (= эпоха)

По-венгерски произносится точно так же, как по-русски.

Oroszul pontosan úgy ejtik, mint magyarul.

fajansz (mázas kerámia)
фаянс (покрытая глазурью керамика)
По-венгерски как по-русски, только с ударением на „фа“.
Oroszul mint magyarul csak a hangsúly a „jansz"-ra került.

faktor (= tényező)
фактор (= причина)
По-венгерски произносится точно так же, как по-русски.
Oroszul pontosan úgy ejtik, mint magyarul.

fantázia (= képzelőerő)
фантазия (= воображение)
По-венгерски как по-русски, только с ударением на „фан“.
Oroszul mint magyarul csak a hangsúly a „tá"-ra került.

fazon (= stílus)
фасон (= стиль)
На венгерском произносится „фозон“ с ударением на „фо“.
Oroszul „fászon"-nak ejtik, a „szon" ékezettel.

fácán (tyúkalakú vadmadár)
фазан (дикая птица наподобие курицы)
На венгерском произносится „фацан“ с ударением на „фа“.
Oroszul „fázán"-nak ejtik, a „zán" ékezettel.

fáklya (égő szilánk)
факел (горящая лучина)
На венгерском произносится „факье“ с ударением на „факь“.
Oroszul „fákel”-nek ejtik, a „fá” ékezettel.

federáció, föderáció (= egyesület, szakszervezet)
федерация (= объединение, союз)
На венгерском произносится „фэдэрациё“ с ударением на „фэ“.
Oroszul „federációjá”-nak ejtik, a „rá” ékezettel.

fekália (= ürülék)
фекалии (= экскременты)
На венгерском произносится „фэкалиё“ с ударением на „фэ“.
Oroszul „fekálii ”-nek ejtik, a „ká” ékezettel.

fenomén (ritka jelenség)
феномен (редкое явление)
По-венгерски как по-русски, только с ударением на „фе“.
Oroszul mint magyarul csak a hangsúly a „no"-ra került.

fermentáció (= erjesztés)
ферментация (= брожжение)
На венгерском произносится „фэрмэнтациё“ с ударением на „фэр“.
Oroszul „fermentációjá”-nak ejtik, a „tá” ékezettel.

fesztivál (= tömegünnepély)
фестиваль (массовое празднество)
По-венгерски как по-русски, только с ударением на „фес“.
Oroszul mint magyarul csak a hangsúly a „válj"-ra került.

figura (= alak)
фигура (= форма)
По-венгерски как по-русски, только с ударением на „фи“.
Oroszul mint magyarul csak a hangsúly a „gu"-ra került.

fikció (= kitaláció)

фикция (= вымысел)

По-венгерски произносится точно так же, как по-русски.

Oroszul pontosan úgy ejtik, mint magyarul.

fikusz (növény)

фикус (растение)

По-венгерски произносится точно так же, как по-русски.

Oroszul pontosan úgy ejtik, mint magyarul.

filé (= bélszín, vesepecsenye)

филе (= вырезка)

По-венгерски произносится точно так же, как по-русски.

Oroszul pontosan úgy ejtik, mint magyarul.

film (= mozgókép)

фильм (= кино)

По-венгерски произносится точно так же, как по-русски.

Oroszul pontosan úgy ejtik, mint magyarul.

filozófia (= világszemlélet)

философия (= мировоззрение)

По-венгерски как по-русски, только с ударением на „фи“.

Oroszul mint magyarul csak a hangsúly a „szó"-ra került.

fizika (= természettudomány)

физика (= естествознание)

По-венгерски произносится точно так же, как по-русски.

Oroszul pontosan úgy ejtik, mint magyarul.

flakon (= üvegecske)
флакон (= пузырёк)
По-венгерски как по-русски, только с ударением на „фла“.
Oroszul mint magyarul csak a hangsúly a „kon"-ra került.

flaska (kis lapos fémpalack)
фляжка (маленькая плоская металлическая бутылка)
По-венгерски произносится точно так же, как по-русски.
Oroszul pontosan úgy ejtik, mint magyarul.

flotta (nagy hajócsoport)
флот (крупное объединение кораблей)
На венгерском произносится „фльотта“ с ударением на „льо“.
Oroszul a "flot"-nak ejtik.

flört (könnyed udvarlás)
флирт (легкое ухаживание)
На венгерском произносится „флёрт“.
Oroszul a „flirt”-nek ejtik.

forint (Magyarország pénz)
форинт (деньги Венгрии)
По-венгерски произносится точно так же, как по-русски.
Oroszul pontosan úgy ejtik, mint magyarul.

forma (= kinézet)
форма (= облик)
По-венгерски произносится точно так же, как по-русски.
Oroszul pontosan úgy ejtik, mint magyarul.

formula (szabály rövid pontos meghatározása)
формула (краткое точное определение правила)
По-венгерски произносится точно так же, как по-русски.
Oroszul pontosan úgy ejtik, mint magyarul.

fotográfia (= fénykép)
фотография (= снимок)
По-венгерски как по-русски, только с ударением на „фо".
Oroszul mint magyarul csak a hangsúly a „rá"-ra került.

fóbia (rögeszmés félelem)
фобия (навязчивый страх)
По-венгерски произносится точно так же, как по-русски.
Oroszul pontosan úgy ejtik, mint magyarul.

fókusz (= illúzió; sugarak kereszteződések pontja)
фокус (= иллюзия; место встречи лучей)
По-венгерски произносится точно так же, как по-русски.
Oroszul pontosan úgy ejtik, mint magyarul.

fórum (kommunikáció és vita helye)
форум (место для общения и споров)
По-венгерски произносится точно так же, как по-русски.
Oroszul pontosan úgy ejtik, mint magyarul.

frakció (= csoportosulás)
фракция (= группировка)
По-венгерски произносится точно так же, как по-русски.
Oroszul pontosan úgy ejtik, mint magyarul.

frizura (= hajviselet)
фризура (= прическа)
По-венгерски как по-русски, только с ударением на „фри".
Oroszul mint magyarul csak a hangsúly a „zu"-ra került.

front (elülső oldal)
фронт (передняя сторона)
По-венгерски произносится точно так же, как по-русски.
Oroszul pontosan úgy ejtik, mint magyarul.

fufájka, fufajka, pufajka (vattával bélelt rövid kabát)
фуфайка (= ватник-телогрейка)
По-венгерски как по-русски, только с ударением на „фу".
Oroszul mint magyarul csak a hangsúly a „fáj"-ra került.

fuga (hézagtömítő anyag)
фуга (плиточная затирка)
По-венгерски произносится точно так же, как по-русски.
Oroszul pontosan úgy ejtik, mint magyarul.

funkció (függőség)
функция (зависимость)
По-венгерски произносится точно так же, как по-русски.
Oroszul pontosan úgy ejtik, mint magyarul.

furgon (zárt kisteherautó)
фургон (небольшой крытый грузовик)
По-венгерски как по-русски, только с ударением на „фур".
Oroszul mint magyarul csak a hangsúly a „gon"-ra került.

futball (= foci)
футбол (спорт)
По-венгерски как по-русски, только с ударением на „фут".
Oroszul mint magyarul csak a hangsúly a „bal"-ra került.

füge (gyümölcs)
фига (= инжир, смоковница)
На венгерском произносится „фюгэ" с ударением на „фю".
Oroszul „figá"-nak ejtik, a „fi" ékezettel.

G

galaktika (teljes csillagrendszer)
галактика (вся звездная система)
По-венгерски как по-русски, только с ударением на „га".
Oroszul mint magyarul csak a hangsúly a „lák"-ra került.

galéria (épületrész; képzőművészeti kiállító hely)
галерея (помещение; место для экспозиции)
На венгерском произносится „голейрия" с ударением на „лей".
Oroszul „gáljerjejá"-nak ejtik, a „rje" ékezettel.

galuska, haluska (= nokedli)
галушка (= клецка)
По-венгерски как по-русски, только с ударением на „га".
Oroszul mint magyarul csak a hangsúly a „lus"-ra került.

gangréna (a testszövetek halála)
гангрена (омертвение тканей организма)
По-венгерски как по-русски, только с ударением на „ган".
Oroszul mint magyarul csak a hangsúly a „ré"-re került.

garancia (= felelősségvállalás)
гарантия (= обязательство)
На венгерском произносится „горонция" с ударением на „го".
Oroszul „gárántijá"-nak ejtik, a „rán" ékezettel.

garázs (helyiség az autónak)

гараж (помещение для автомобиля)

По-венгерски как по-русски, только с ударением на „га".

Oroszul mint magyarul csak a hangsúly a „rázs"-ra került.

gardrób (= ruhatár)

гардероб (= шкаф; одежда)

На венгерском произносится „гордроуб" с ударением на „гор".

Oroszul „gárdjerob"-nak ejtik, a „rob" ékezettel.

garnitúra (= készlet)

гарнитур (= набор)

На венгерском произносится „горнитура" с ударением на „гор".

Oroszul „gárniturá"-nak ejtik, a „tu" ékezettel.

garnizon (katonai szó)

гарнизон (военное слово)

По-венгерски как по-русски, только с ударением на „гар".

Oroszul mint magyarul csak a hangsúly a „zon"-ra került.

gavallér (= udvarló)

кавалер (= ухажёр)

На венгерском произносится „говолэйр" с ударением на „го".

Oroszul „kávaljer"-nek ejtik, a „ljer" ékezettel.

gáz (anyag)

газ (вещество)

По-венгерски произносится точно так же, как по-русски.

Oroszul pontosan úgy ejtik, mint magyarul.

gejzír (meleg vizes forrás)

гейзер (горячий источник)

По-венгерски произносится точно так же, как по-русски.

Oroszul pontosan úgy ejtik, mint magyarul.

generáció (= korosztály)
генерация (= поколение)
На венгерском произносится „гэнэрациё“ с ударением на „гэ“.
Oroszul „generációjá”-nak ejtik, a „rá” ékezettel.

geodézia (= földméréstan)
геодезия (наука о размерах Земли)
По-венгерски как по-русски, только с ударением на „ге“.
Oroszul mint magyarul csak a hangsúly a „dé"-re került.

geográfia (= földrajz)
география (наука о поверхности Земли)
По-венгерски как по-русски, только с ударением на „ге“.
Oroszul mint magyarul csak a hangsúly a „rá"-ra került.

geológia (a föld összetételének tudománya)
геология (наука о составе Земли)
По-венгерски как по-русски, только с ударением на „ге“.
Oroszul mint magyarul csak a hangsúly a „ló"-ra került.

gereblye (kertészeti eszköz)
грабли (садовый ручной инструмент)
На венгерском произносится „гэрэбье“ с ударением на „гэ“.
Oroszul „grábli”-nek ejtik, az „á” ékezettel.

gerezd (virágok, bogyók, kis gyümölcsök ecset)
гроздь (кисть цветов, ягод, мелких плодов)
На венгерском произносится „гэрэзд“ с ударением на „гэ“.
Oroszul a „grozdy”-nak ejtik.

gettó (= nyomornegyed)
гетто (= трущоба)
По-венгерски произносится точно так же, как по-русски.
Oroszul pontosan úgy ejtik, mint magyarul.

gél (viszkózus anyag)
гель (вязкое вещество)
На венгерском произносится „гэйл“.
Oroszul a „gelj”-nek ejtik.

giliszta (parazita féreg)
глиста (паразитический червь)
На венгерском произносится „гилиста“ с ударением на „ги“.
Oroszul „glistá”-nak ejtik, a „tá” ékezettel.

gimnasztika (testgyakorlatok)
гимнастика (физические упражнения)
По-венгерски как по-русски, только с ударением на „гим“.
Oroszul mint magyarul csak a hangsúly a „na”-ra került.

gipsz (ásvány; anyag)
гипс (минерал; материал)
По-венгерски произносится точно так же, как по-русски.
Oroszul pontosan úgy ejtik, mint magyarul.

gitár (vonós pengetős hangszer)
гитара (струнный щипковый музыкальный инструмент)
На венгерском произносится „гитар“ с ударением на „ги“.
Oroszul „gitárá”-nak ejtik, a „tá” ékezettel.

glazúr (= máz)
глазурь (= полива)
На венгерском произносится „глозур“ с ударением на „гло“.
Oroszul „glázúry”-nak ejtik, a „zúry” ékezettel.

glóbusz (föld bolygó)

глобус (земной шар)

По-венгерски произносится точно так же, как по-русски.

Oroszul pontosan úgy ejtik, mint magyarul.

gnóm (= törpe)

гном (= карлик)

По-венгерски произносится точно так же, как по-русски.

Oroszul pontosan úgy ejtik, mint magyarul.

gobelin, goblen (szőtt képes szőnyeg)

гобелен (= шпалера)

На венгерском произносится „гоблэн" с ударением на „гоб".

Oroszul „gábeljen"-nek ejtik, a „ljen" ékezettel.

golf (sport)

гольф (спорт)

По-венгерски произносится точно так же, как по-русски.

Oroszul pontosan úgy ejtik, mint magyarul.

gól (= pont)

гол (= очко)

По-венгерски произносится точно так же, как по-русски.

Oroszul pontosan úgy ejtik, mint magyarul.

grafika (= rajz)

графика (= рисунок)

По-венгерски произносится точно так же, как по-русски.

Oroszul pontosan úgy ejtik, mint magyarul.

gramm (1 kilogramm = 1000 gramm)

грамм (1 килограмм = 1000 граммов)

По-венгерски произносится точно так же, как по-русски.

Oroszul pontosan úgy ejtik, mint magyarul.

grácia (= bájosság)

грация (= изящность)

По-венгерски произносится точно так же, как по-русски.

Oroszul pontosan úgy ejtik, mint magyarul.

gránát (= lövedék)

граната (= снаряд)

На венгерском произносится „гранат“ с ударением на „гра“.

Oroszul „gránátá”-nak ejtik, a „ná” ékezettel.

gránit (kő)

гранит (камень)

По-венгерски как по-русски, только с ударением на „гра“.

Oroszul mint magyarul csak a hangsúly a „nit"-re került.

grill (étel sült a tűzön vagy erre való felszerelés)

гриль (жаровня или еда на жару)

По-венгерски произносится точно так же, как по-русски.

Oroszul pontosan úgy ejtik, mint magyarul.

grillázs (kemény édesség pörkölt cukorból és darált dióból)

грильяж (карамель из обжаренного сахара и молотых орехов)

На венгерском произносится „гриллаж“ с ударением на „грил“.

Oroszul "griljázs"-nak ejtik, a „jázs” ékezettel.

grimasz (arckifejezés)

гримаса (выражение лица)

На венгерском произносится „гримас“ с ударением на „гри“.

Oroszul „grimászá”-nak ejtik, a „má” ékezettel.

gulyás (magyar nemzeti étel)
гуляш (венгерское национальное блюдо)
На венгерском произносится „гуйяш" с ударением на „гу".
Oroszul „guljás"-nak ejtik, az „ás" ékezettel.

Gy

gyehenna (= pokol)
геенна (= ад)
На венгерском произносится „йэхэна" с ударением на „йэ".
Oroszul „gijená"-nak ejtik, a „je" ékezettel.

gyémánt (= diamant)
диамант (= алмаз)
На венгерском произносится „дьэмант" с ударением на„ дьэ".
Oroszul „gyiámánt"-nak ejtik, a „mánt" ékezettel.

H

hajdúk (fegyveres fegyveres paraszt, pásztor)
гайдук (вооружённый крестьянин, пастух)
По-венгерски как по-русски, только с ударением на „га".
Oroszul mint magyarul csak a hangsúly a „dúk"-ra került.

hangár (csarnokszerű épület a nagy felszerelésenek)
ангар (зальное здание для крупногабаритной техники)
На венгерском произносится „хонгар" с ударением на „хон".
Oroszul „ámbár"-nak ejtik, a „bár" ékezettel.

harmónia (= összhang)
гармония (= согласие)
На венгерском произносится „хормониё" с ударением на „хор".
Oroszul „gármonijá"-nak ejtik, a „mo" ékezettel.

hárfa (húros, pengetős hangszer)
арфа (струнный, щипковый инструмент)
По-венгерски произносится точно так же, как по-русски.
Oroszul pontosan úgy ejtik, mint magyarul.

hárpia (dögös nő)
гарпия (= злючка)
На венгерском произносится „харпиё" с ударением на „хар".
Oroszul „gárpijá"-nak ejtik, a „gár" ékezettel.

hektár (= 10 000 м^2)

гектар (= 10 000 м^2)

На венгерском произносится „хэктар“ с ударением на „хэк“.
Oroszul „gektár”-nak ejtik, a „tár” ékezettel.

hippodrom (lovas versenypálya)

ипподром (конный трек)

На венгерском произносится „хипподром“ с ударением на „хип“.
Oroszul „ipádrom”-nak ejtik, a „rom” ékezettel.

história (= történet)

история (события прошлого)

На венгерском произносится „хиштоурия“ с ударением на „хиш“.
Oroszul „isztorijá”-nak ejtik, a „to” ékezettel.

hisztéria (nagyfokú idegesség)

истерия (высокая степень нервозности)

На венгерском произносится „хистерия“ с ударением на „хис“.
Oroszul „isztyerijá”-nak ejtik, a „ri” ékezettel.

hobbi (kedvelt tevékenység)

хобби (любимое занятие)

По-венгерски произносится точно так же, как по-русски.
Oroszul pontosan úgy ejtik, mint magyarul.

honvéd (a hazát védő sorkatona)

гонвед (защитник родины)

По-венгерски как по-русски, только с ударением на „хон“.
Oroszul mint magyarul csak a hangsúly a „véd"-re került.

horda (garázda csapat, amely vadul rombol)

орда (бунтующая группа, которая дико разрушает)

На венгерском произносится „хорда“ с ударением на „хор“.
Oroszul „árdá”-nak ejtik, a „dá” ékezettel.

horizont (az ég határa a földdel, vízzel)

горизонт (граница неба с землей, водой)

На венгерском произносится „хоризонт" с ударением на „хо".
Oroszul „gárizont"-nak ejtik, a „zont" ékezettel.

hucul (Kárpátaljai nép)

гуцул (народ в Карпатах)

На венгерском произносится „хуцуль" с ударением на „ху".
Oroszul „gucul"-nak ejtik, a „cul" ékezettel.

huligán (= garázda)

хулиган (= безобразник)

По-венгерски как по-русски, только с ударением на „ху".
Oroszul mint magyarul csak a hangsúly a „gán"-ra került.

humor (= víg)

юмор (= комизм)

На венгерском произносится „хумор" с ударением на „ху".
Oroszul „jumor"-nak ejtik, a „ju" ékezettel.

humusz (= termőföld)

гумус (= перегной)

На венгерском произносится „хумус" с ударением на „ху".
Oroszul „gumisz"-nak ejtik, a „gu" ékezettel.

hurrá (lelkes felkiáltás)

ура (восторженное восклицание)

На венгерском произносится „хурра" с ударением на „хур".
Oroszul „urá"-nak ejtik, a „rá" ékezettel.

huszár (könnyű fegyverzetű lovaskatona)

гусар (легковооружённый всадник)

На венгерском произносится „хусар" с ударением на „ху".
Oroszul „guszár"-nak ejtik, a „szár" ékezettel.

I

ideál (= mintakép)

идеал (= образец)

По-венгерски как по-русски, только с ударением на „и“.

Oroszul mint magyarul csak a hangsúly az „ál"-ra került.

idióta (gyenge elméjű)

идиот (= слабоумный)

На венгерском произносится „идыоута“ с ударением на „и“.

Oroszul „idyiot"-nak ejtik, a „ot" ékezettel.

ikra (a hal petéje; alsó lábszár része)

икра (икра рыб; нижняя часть ноги)

По-венгерски как по-русски, только с ударением на „и“.

Oroszul mint magyarul csak a hangsúly a „ra"-ra került.

illúzió (torz észlelés)

иллюзия (искажённое восприятие)

На венгерском произносится „ильюзиоу“ с ударением на первое „и“.

Oroszul „iljuzijá"-nak ejtik, a „lju" ékezettel.

imitáció (= utánzás)

имитация (воспроизведение с точностью)

На венгерском произносится „имитациё“ с ударением на первое „и“.

Oroszul „imitácijá"-nak ejtik, a „tá" ékezettel.

implantáció (idegen anyag beültetése a szervezetbe)
имплантация (внедрение инородного тела в организм)
На венгерском произносится „имплантациё" с ударением на „им".
Oroszul „implántácijá"-nak ejtik, a „tá" ékezettel.

impotencia (sexuális képtelenség)
импотенция (половое бессилие)
По-венгерски как по-русски, только с ударением на „им".
Oroszul mint magyarul csak a hangsúly a „ten"-re került.

improvizátor (= rögtönző)
импровизатор (= автомедиаст)
По-венгерски как по-русски, только с ударением на „им".
Oroszul mint magyarul csak a hangsúly a „zá"-ra került.

index (= mutató)
индекс (= указатель)
По-венгерски произносится точно так же, как по-русски.
Oroszul pontosan úgy ejtik, mint magyarul.

inercia (= önkéntelenül)
инерция (= непроизвольно)
По-венгерски как по-русски, только с ударением на „и".
Oroszul mint magyarul csak a hangsúly a „ner"-re került.

infekció (= fertőzés)
инфекция (= заражение)
На венгерском произносится „инфэкциё" с ударением на „ин".
Oroszul „infekcijá"-nak ejtik, a „fek" ékezettel.

infláció (pénz leértékelődése)
инфляция (обесценивание денег)
На венгерском произносится „инфляциё" с ударением на „ин".
Oroszul „infljácijá"-nak ejtik, a „fljá" ékezettel.

információ (= közlés)
информация (= сведения)
На венгерском произносится „информациё" с ударением на „ин".
Oroszul „informácijá"-nak ejtik, a „má" ékezettel.

informátor (= besúgó)
информатор (= осведомитель, доносчик)
По-венгерски как по-русски, только с ударением на „ин".
Oroszul mint magyarul csak a hangsúly a „má"-ra került.

inspekció (= vizsgálat)
инспекция (= проверка)
На венгерском произносится „иншпекциё" с ударением на „ин".
Oroszul „inszpekcijá"-nak ejtik, a „pek" ékezettel.

inspektor (= felügyelő)
инспектор (= контролёр)
На венгерском произносится „иншпектор" с ударением на „ин".
Oroszul „inszpektor"-nak ejtik, a „pek" ékezettel.

interjú (= kérdés-válasz)
интервью (= вопрос-ответ)
На венгерском произносится „интеръю" с ударением на „ин".
Oroszul „intervju"-nak ejtik, a „vju" ékezettel.

intrika (= cselszövés)
интрига (= происки)
На венгерском произносится „интрика" с ударением на„ ин".
Oroszul „intrigá"-nak ejtik, a „ri" ékezettel.

irónia (rejtett gúny)

ирония (скрытая насмешка)

По-венгерски как по-русски, только с ударением на „и".

Oroszul mint magyarul csak a hangsúly a "ró"-ra került.

izoláció (elkülönítés; szigetelés)

изоляция (отделение от других лиц; обкладка)

На венгерском произносится „изоляциё" с ударением на первое „и".

Oroszul „izáljácijá"-nak ejtik, a „ljá" ékezettel.

J

járom (húzó állatra tett fa nyakörv; súlyos teher)
ярмо (деревянный хомут для упряжки тяглового животного;
тяжелое бремя)
На венгерском произносится „яром“ с ударением на „я“.
Oroszul „jármo”-nak ejtik, a „mo” ékezettel.

joghurt (fermentált tejtermék)
йогурт (кисломолочный продукт)
По-венгерски произносится точно так же, как по-русски.
Oroszul pontosan úgy ejtik, mint magyarul.

jód (kémiai szer)
йод, иод (химическое вещество)
По-венгерски произносится точно так же, как по-русски.
Oroszul pontosan úgy ejtik, mint magyarul.

junker (katonai rendfokozat)
юнкер (воинское звание)
По-венгерски произносится точно так же, как по-русски.
Oroszul pontosan úgy ejtik, mint magyarul.

jurista (jogi végzettséggel személy)
юрист (человек с юридическим образованием)
На венгерском произносится „юришта“ с ударением на „ю“.
Oroszul „juriszt”-nek ejtik, a „riszt” ékezettel.

juriszdikció (bíróság, állami szerv hatáskörének határai)

юрисдикция (пределы компетенции суда, государственного органа)

На венгерском произносится „юрисдикциё" с ударением на „ю".
Oroszul „juriszdyikcijá"-nak ejtik, a „dyik" ékezettel.

jurta (türk nomád népek és ősmagyarok lakóépülete)

юрта (жилище тюркских кочевых народов и древних венгров)

По-венгерски произносится точно так же, как по-русски.
Oroszul pontosan úgy ejtik, mint magyarul.

K

kabin (= fülke)
кабина (= клеть)
На венгерском произносится „кобин“ с ударением на „ко“.
Oroszul „kábiná”-nak ejtik, a „bi” ékezettel.

kabinet (= munkaszoba; bútor)
кабинет (рабочая комната; мебель)
По-венгерски как по-русски, только с ударением на „ко“.
Oroszul mint magyarul csak a hangsúly a „net"-re került.

kadét (katonai iskola tanulója 10 éves kor születésétől)
кадет (учащийся в военной школе с 10 лет он роду)
По-венгерски как по-русски, только с ударением на „ка“.
Oroszul mint magyarul csak a hangsúly a „dét"-re került.

kaftán (felsőruházat)
кафтан (верхняя одежда)
По-венгерски как по-русски, только с ударением на „ко“.
Oroszul mint magyarul csak a hangsúly a „tán"-ra került.

kajüt (szállás szoba a hajón)
каюта (комната для проживания на корабле)
На венгерском произносится „коют“ с ударением на „ко“.
Oroszul „kájütá”-nak ejtik, a „jü” ékezettel.

kaktusz (növény)
кактус (растение)
По-венгерски произносится точно так же, как по-русски.
Oroszul pontosan úgy ejtik, mint magyarul.

kalász (= gabonafej)
колос (зерновая жатка)
На венгерском произносится „колас“ с ударением на „ко“.
Oroszul „kolász”-nak ejtik, a „ko” ékezettel.

kaleidoszkóp (forgó események; optikai játékszer)
калейдоскоп (= круговерть; оптическая игрушка)
По-венгерски как по-русски, только с ударением на „ко“.
Oroszul mint magyarul csak a hangsúly a „kóp"-ra került.

kaliba, kalyiba (pásztorok és favágók kunyhója Kárpátalján)
колыба (хижина пастухов и лесорубов в Закарпатье)
На венгерском произносится „кольиба“ с ударением на „ко“.
Oroszul „kolijba”-nak ejtik, a „lij” ékezettel.

kaliber (katonai szó)
калибр (военное слово)
На венгерском произносится„ колибэр“ с ударением на „ко“.
Oroszul „kálibr”-nek ejtik, a „libr” ékezettel.

kamera (= cella; zárt tér; képrögzítő gép)
камера (= келья; замкнутое пространство; аппарат записи изображения)
По-венгерски произносится точно так же, как по-русски.
Oroszul pontosan úgy ejtik, mint magyarul.

kancellária (= iroda)

канцелярия (= офис)

По-венгерски как по-русски, только с ударением на „кон".

Oroszul mint magyarul csak a hangsúly a „lá"-ra került.

kannibál (emberevő személy)

каннибал (тот, кто ест человеческое мясо)

По-венгерски как по-русски, только с ударением на „ко".

Oroszul mint magyarul csak a hangsúly a „bál"-ra került.

kanyon (meredek szurdok folyóval)

каньон (ущелье с крутыми склонами залитое рекой)

По-венгерски как по-русски, только с ударением на „ко".

Oroszul mint magyarul csak a hangsúly az „on"-ra került.

kapitalista (tőketulajdonos, aki másokat alkalmaz profitszerzéshez)

капиталист (владелец капитала, нанимающий других для прибыли)

На венгерском произносится „копитальшита" с ударением на „ко".

Oroszul „kápitáljiszt"-nek ejtik, a „ljiszt" ékezettel.

kapitány (= parancsnok; katonai rendfokozat)

капитан (= командир; воинское звание)

На венгерском произносится „копитань" с ударением на „ко".

Oroszul „kápitán"-nak ejtik, a „tán" ékezettel.

kapituláció (a fegyveres harc beszüntetése)

капитуляция (прекращение вооружённой борьбы)

На венгерском произносится „копитульациё" с ударением на „ко".

Oroszul „kápituljácijá"-nak ejtik, a „ljá" ékezettel.

kapric (= szeszély)

каприз (= прихоть)

На венгерском произносится „каприк" с ударением на „кап".
Oroszul „kápriz"-nek ejtik, a „riz" ékezettel.

karakter (= természet)

характер (= натура)

На венгерском произносится „корактэр" с ударением на „ко".
Oroszul „háráktjer"-nek ejtik, a „rák" ékezettel.

karalábé (zöldség)

кольраби (овощ)

На венгерском произносится „королабэ" с ударением на „ко".
Oroszul „káljrábi"-nek ejtik, a „rá" ékezettel.

karantén (= vesztegzár)

карантин (= изоляция)

На венгерском произносится „корантэйн" с ударением на „ко".
Oroszul „kárántin"-nek ejtik, a „tin" ékezettel.

karaván (együtt utazók csoportja)

караван (группа, путешествующих вместе)

По-венгерски как по-русски, только с ударением на „ко".
Oroszul mint magyarul csak a hangsúly a „ván"-ra került.

karcer (büntető kamra)

карцер (штрафная камера)

По-венгерски произносится точно так же, как по-русски.
Oroszul pontosan úgy ejtik, mint magyarul.

kard (kézi ütőfegyver)

корд (= меч)

По-венгерски произносится точно так же, как по-русски.
Oroszul pontosan úgy ejtik, mint magyarul.

kardigán (gallér nélküli gombolható kötött pulóver)
кардиган (вязаная кофта без воротника на пуговицах)
По-венгерски как по-русски, только с ударением на „кор“.
Oroszul mint magyarul csak a hangsúly a „gán"-ra került.

karfiol (zöldség)
карфиол (овощ)
По-венгерски как по-русски, только с ударением на „кор“.
Oroszul mint magyarul csak a hangsúly az „ol"-ra került.

karikatúra (= csúfolódás)
карикатура (= насмешка)
По-венгерски как по-русски, только с ударением на „ко“.
Oroszul mint magyarul csak a hangsúly a „tú"-ra került.

karnis (= függönytartó)
карниз (держатель для штор)
На венгерском произносится „корниш“ с ударением на „кор“.
Oroszul „kárniz”-nek ejtik, a „niz” ékezettel.

karrier (munkapályán promóció)
карьера (продвижении по службе)
На венгерском произносится „корьер“ с ударением на „ко“.
Oroszul „kárjera”-nak ejtik, a „rje” ékezettel.

karton (vastag papír)
картон (плотная бумага)
По-венгерски как по-русски, только с ударением на „кор“.
Oroszul mint magyarul csak a hangsúly a „ton"-ra került.

kasza (fűvágó szerszám)
коса (инструмент для скашивания травы)
На венгерском произносится „коса" с ударением на „ко".
Oroszul „kászá"-nak ejtik, a „szá" ékezettel.

kaucsuk (alapanyag a gumigyártáshoz)
каучук (сырьё для выработки резины)
По-венгерски как по-русски, только с ударением на „ко".
Oroszul mint magyarul csak a hangsúly a „csuk"-ra került.

kábel (sok szálból álló vastag vezeték)
кабель (толстый провод из нескольких жил)
По-венгерски произносится точно так же, как по-русски.
Oroszul pontosan úgy ejtik, mint magyarul.

káosz (= rendetlenség)
хаос (= беспорядок)
На венгерском произносится „каос" с ударением на „ка".
Oroszul „háosz "-nak ejtik, a „há" ékezettel.

káplár (katonai rendfokozat)
капрал (воинское звание)
На венгерском произносится „каплар" с ударением на „кап".
Oroszul „káprál"-nak ejtik, a „rál" ékezettel.

káposzta (zöldség)
капуста (овощ)
На венгерском произносится „капоста" с ударением на „ка".
Oroszul „kápuszta"-nak ejtik, a „pu" ékezettel.

kárász (hal)
карась (рыба)
На венгерском произносится „карас" с ударением на „ка".
Oroszul „kárászy"-nak ejtik, a „rászy" ékezettel.

kártya (kis karton játékhoz) -
карта (картонка для игры)
На венгерском произносится „картьё“ с ударением на „кар“.
Oroszul „kártá”-nak ejtik, a „kár” ékezettel.

kása (sűrű étel folyadékban főtt gabonafélékből)
каша (густоватая еда из крупы, сваренной в жидкости)
По-венгерски произносится точно так же, как по-русски.
Oroszul pontosan úgy ejtik, mint magyarul.

kereszt (geometriai ábra, szimbólum)
крест (геометрическая фигура; символ)
На венгерском произносится „кэрэст“ с ударением на „кэ“.
Oroszul a „kreszt”-nek ejtik.

kerozin (= kőolajpárlat)
керосин (продукт перегонки нефти)
На венгерском произносится „кэрозин“ с ударением на „кэ“.
Oroszul „keroszin”-nek ejtik, a „szin” ékezettel.

kémia (= anyagtudomány)
химия (наука о веществах)
На венгерском произносится „къэмиё“ с ударением на „къэ“.
Oroszul „himijá”-nak ejtik, a „hi” ékezettel.

kilométer (1000 méter)
километр (1000 метров)
На венгерском произносится „киломейтэр“ с ударением на „ки“.
Oroszul „kilámetr”-nek ejtik, a „metr” ékezettel.

klán (zárt közösség)

клан (закрытое сообщество)

По-венгерски произносится точно так же, как по-русски.
Oroszul pontosan úgy ejtik, mint magyarul.

klinika (orvosi intézmény)

клиника (медицинское учреждение)

По-венгерски произносится точно так же, как по-русски.
Oroszul pontosan úgy ejtik, mint magyarul.

klub (= közösség)

клуб (= сообщество)

По-венгерски произносится точно так же, как по-русски.
Oroszul pontosan úgy ejtik, mint magyarul.

koalíció (= szövetség)

коалиция (= союз)

На венгерском произносится „коалицië" с ударением на „ко".
Oroszul „koálícijá"-nak ejtik, a „li" ékezettel.

kocsma (kisebb vendéglő)

корчма (= трактир)

На венгерском произносится „кочма" с ударением на „ко".
Oroszul „kárcsmá"-nak ejtik, a „má" ékezettel.

kolbász (húskészítmény)

колбаса (мясной продукт)

На венгерском произносится „кольбас" с ударением на „коль".
Oroszul „kálbászá"-nak ejtik, a „szá" ékezettel.

kollekció (= gyűjtemény)

коллекция (= подборка)

На венгерском произносится „коллэкцië" с ударением на „кол".
Oroszul „kálljekcijá"-nak ejtik, a „ljek" ékezettel.

kolléga (= munkatárs)
коллега (товарищ по роду занятий)
По-венгерски как по-русски, только с ударением на „ко".
Oroszul mint magyarul csak a hangsúly a „lé"-re került.

kombájn (több funkcióval rendelkező gép)
комбайн (машина с множеством функций)
По-венгерски как по-русски, только с ударением на „ком".
Oroszul mint magyarul csak a hangsúly a „bá"-ra került.

kommunista (= marxista)
коммунист (= марксист)
На венгерском произносится „комуништа" с ударением на „ко".
Oroszul „kámmuniszt"-nek ejtik, a „niszt" ékezettel.

kompót (főtt gyümölcsből készült desszert ital)
компот (десертный напиток из вареных е фруктов)
По-венгерски как по-русски, только с ударением на „ком".
Oroszul mint magyarul csak a hangsúly a „pót"-ra került.

kompresszor (gázsűrítő gép)
компрессор (машина для сжатия воздуха)
По-венгерски как по-русски, только с ударением на „ком".
Oroszul mint magyarul csak a hangsúly a „re"-re került.

koncert (zenei előadás)
концерт (музыкальное представление)
По-венгерски как по-русски, только с ударением на „кон".
Oroszul mint magyarul csak a hangsúly a "cert"-re került.

konténer (= tároló)
контейнер (= вместилище)
По-венгерски как по-русски, только с ударением на „кон“.
Oroszul mint magyarul csak a hangsúly a „té"-re került.

konzerv (tégely hosszú eltarthatóságú termékkel)
консерва (банка с продуктом длительного хранения)
На венгерском произносится „конзэрв“ с ударением на „кон“.
Oroszul „kánszervá"-nak ejtik, a „szer" ékezettel.

korona (uralkodói fejdísz)
корона (= венец)
По-венгерски как по-русски, только с ударением на „ко“.
Oroszul mint magyarul csak a hangsúly a „ro"-ra került.

korrupció (= megvesztegetés)
коррупция (= подкуп)
На венгерском произносится „коррупцие“ с ударением на „кор“.
Oroszul „kárupcijá"-nak ejtik, a „rup" ékezettel.

kozmetika (megjelenés javulása)
косметика (улучшение внешности)
На венгерском произносится „козмэтика“ с ударением на „коз“.
Oroszul „kászmyetiká"-nak ejtik, a „mye" ékezettel.

kozmosz (minden a Földön kívül)
космос (все, что за пределами Земли)
По-венгерски произносится точно так же, как по-русски.
Oroszul pontosan úgy ejtik, mint magyarul.

kód (= rejtjel)
код (= шифр)
По-венгерски произносится точно так же, как по-русски.
Oroszul pontosan úgy ejtik, mint magyarul.

krém (= kenőcs; desszert)
крем (= мазь; десерт)
По-венгерски произносится точно так же, как по-русски.
Oroszul pontosan úgy ejtik, mint magyarul.

kristály (= féldrágakő)
кристалл (= полудрагоценный камень)
На венгерском произносится „криштай“ с ударением на „криш“.
Oroszul „krisztál”-nak ejtik, a „tál” ékezettel.

kritika (értékelő vélemény)
критика (оценочное мнение)
По-венгерски произносится точно так же, как по-русски.
Oroszul pontosan úgy ejtik, mint magyarul.

krízis (súlyos átmeneti állapot)
кризис (тяжёлое переходное состояние)
На венгерском произносится „криизиш“ с ударением на „крии“.
Oroszul „krizisz”-nek ejtik, a „kri” ékezettel.

kulcs (szerszám zárokhoz és egyéb mechanizmusokhoz)
ключ (инструмент для замков и других механизмов)
На венгерском произносится „кульч“.
Oroszul a „klücs”-nak ejtik.

kulesh (kukorica zabkása)
кулеш (кукурузная каша)
По-венгерски как по-русски, только с ударением на „ку“.
Oroszul mint magyarul csak a hangsúly a „lesh”-re került.

kultúra (tudás és készségek)

культура (знания и умения)

По-венгерски как по-русски, только с ударением на „ку“.

Oroszul mint magyarul csak a hangsúly a „tu"-ra került.

kurva (= szuka)

курва (= шлюха)

По-венгерски произносится точно так же, как по-русски.

Oroszul pontosan úgy ejtik, mint magyarul.

kuvasz (magyar terelő kutyafajta)

кувас (венгерская порода пастушьих собак)

По-венгерски произносится точно так же, как по-русски.

Oroszul pontosan úgy ejtik, mint magyarul.

L

lakáj (= szolgáló)
лакей (= слуга)
На венгерском произносится „локай“ с ударением на „ло“.
Oroszul „lákej”-nek ejtik, a „kej” ékezettel.

lakk (fényes felületet adó festőanyag)
лак (раствор для придания блеска)
На венгерском произносится „лок“.
Oroszul a „lák”-nak ejtik.

lakmusz (kémiai összetétel mutató)
лакмус (индикатор химического состава)
По-венгерски произносится точно так же, как по-русски.
Oroszul pontosan úgy ejtik, mint magyarul.

lapát (munkaeszköz)
лопата (орудие труда)
На венгерском произносится „лопат“ с ударением на „ло“.
Oroszul „lápátá”-nak ejtik, a „pá” ékezettel.

lavina (lezúduló hógörgeteg)
лавина (снежный обвал)
По-венгерски как по-русски, только с ударением на „ла“.
Oroszul mint magyarul csak a hangsúly a „vi"-re került.

láger (= tabor)
лагерь (= бивак)
На венгерском произносится „лагэр“ с ударением на „ла“.
Oroszul „lágery”-nek ejtik, a „lá” ékezettel.

lámpa (= világítótest)
лампа (= светильник)
По-венгерски произносится точно так же, как по-русски.
Oroszul pontosan úgy ejtik, mint magyarul.

lámpácska (jelző lámpa)
лампочка (световой индикатор)
По-венгерски произносится точно так же, как по-русски.
Oroszul pontosan úgy ejtik, mint magyarul.

láva (forró vulkáni tömeg) -
лава (раскалённая вулканическая масса)
По-венгерски произносится точно так же, как по-русски.
Oroszul pontosan úgy ejtik, mint magyarul.

lecsó (magyar forró etel paprikából és paradicsomból)
лечо (венгерское горячее блюдо из перца и помидор)
По-венгерски произносится точно так же, как по-русски.
Oroszul pontosan úgy ejtik, mint magyarul.

legenda (nem mesés prózai folklór)
легенда (несказочный прозаический фольклор)
По-венгерски как по-русски, только с ударением на „ле“.
Oroszul mint magyarul csak a hangsúly a „gen"-re került.

lektor (előadásokat tartó személy)
лектор (человек, читающий лекции)
По-венгерски произносится точно так же, как по-русски.
Oroszul pontosan úgy ejtik, mint magyarul.

len (növény; rost)
лён (растение; волокно)
На венгерском произносится „лэн“.
Oroszul a „lön”-nek ejtik.

lepra (= bélpoklosság)
лепра (= проказа)
По-венгерски произносится точно так же, как по-русски.
Oroszul pontosan úgy ejtik, mint magyarul.

leucoplast (= sebtapasz)
лейкопласт (= лейкопластырь)
По-венгерски как по-русски, только с ударением на „лэ“.
Oroszul mint magyarul csak a hangsúly a „last"-ra került.

lexika (a nyelv szókincse)
лексика (словарный состав языка)
По-венгерски произносится точно так же, как по-русски.
Oroszul pontosan úgy ejtik, mint magyarul.

lénia (egyenes vonal)
линия (= черта)
На венгерском произносится „линиё“ с ударением на „ли“.
Oroszul „linijá”-nak ejtik, a „li” ékezettel.

lift (= felvonó)
лифт (= подъемник)
По-венгерски произносится точно так же, как по-русски.
Oroszul pontosan úgy ejtik, mint magyarul.

liga (nyilvános egyesület)
лига (общественное объединение)
По-венгерски произносится точно так же, как по-русски.
Oroszul pontosan úgy ejtik, mint magyarul.

likőr (szeszes ital)
ликёр (алкогольный напиток)
По-венгерски как по-русски, только с ударением на „ли".
Oroszul mint magyarul csak a hangsúly a „kőr"-ra került.

liliputi (= törpe)
лилипут (= карлик)
На венгерском произносится „лилипуты" с ударением на „пу".
Oroszul „liliput"-nak ejtik, a „put" ékezettel.

limány (nyugodt víz a folyón)
лиман (спокойная вода или залив в реке)
На венгерском произносится „лимань" с ударением на „ли".
Oroszul „limán"-nak ejtik, a „mán" ékezettel.

limfa (= nyirok)
лимфа (бесцветная вязкая жидкость в организме)
По-венгерски произносится точно так же, как по-русски.
Oroszul pontosan úgy ejtik, mint magyarul.

limonádé (hűsítő édes-savanyú alkoholmentes ital)
лимонад (кисло-сладкий безалкогольный напиток)
На венгерском произносится „лимонадэ" с ударением на „ли".
Oroszul „limonád"-nak ejtik, a „nád" ékezettel.

linóleum (padlóburkolat típusa)
линолеум (вид напольного покрытия)
По-венгерски как по-русски, только с ударением на „ли".
Oroszul mint magyarul csak a hangsúly a „nó"-ra került.

líra (antik hangszer; a kreativitás szimbóluma)
лира (античный музыкальный инструмент; символ творчества)
По-венгерски произносится точно так же, как по-русски.
Oroszul pontosan úgy ejtik, mint magyarul.

liter (1 liter tiszta víz = 1 kilogramm)
литр (1 литр чистой воды = 1 килограмму)
На венгерском произносится „литэр" с ударением на „ли".
Oroszul a „ljitr"-nek ejtik.

literatúra (bármilyen írott szöveg)
литература (любой письменный текст)
По-венгерски как по-русски, только с ударением на „ли".
Oroszul mint magyarul csak a hangsúly a „tú"-ra került.

liturgia (ünnepi istentisztelet)
литургия (праздничное богослужение)
По-венгерски как по-русски, только с ударением на „ли".
Oroszul mint magyarul csak a hangsúly a „gi"-re került.

loggia (erkély, ami nem lóg ki az épület homlokzatából)
лоджия (балкон, не выступающий за фасад здания)
На венгерском произносится „лоджа" с ударением на „ло".
Oroszul „lodzsijá"-nak ejtik, a „lod" ékezettel.

logika (észszerű gondolkodás)
логика (рациональное мышление)
По-венгерски произносится точно так же, как по-русски.
Oroszul pontosan úgy ejtik, mint magyarul.

lokátor (helymeghatározó műszer)
локатор (= пеленгатор)
По-венгерски как по-русски, только с ударением на „ло".
Oroszul mint magyarul csak a hangsúly a „ká"-ra került.

lokomotív (vasúti vontató)
локомотив (железнодорожный тягач)
По-венгерски как по-русски, только с ударением на „ло".
Oroszul mint magyarul csak a hangsúly a „tív"-re került.

lombard (pénzügyi vállalkozás)
ломбард (финансовое предприятие)
По-венгерски как по-русски, только с ударением на „лом".
Oroszul mint magyarul csak a hangsúly a „bard"-ra került.

lottéria (= sorsjáték)
лотерея (азартная игра)
На венгерском произносится „лоттэрия" с ударением на „ло".
Oroszul „láterejá"-nak ejtik, a „re" ékezettel.

lottó (szerencsejáték)
лото (азартная игра)
По-венгерски произносится точно так же, как по-русски.
Oroszul pontosan úgy ejtik, mint magyarul.

lucerna (növény)
люцерна (растение)
По-венгерски как по-русски, только с ударением на „лю".
Oroszul mint magyarul csak a hangsúly a „cer"-re került.

lumineszcencia (= izzás)
люминесценция (= свечение)
По-венгерски произносится точно так же, как по-русски.
Oroszul pontosan úgy ejtik, mint magyarul.

lupa (= nagyítóüveg)

лупа (увеличительное стекло)

По-венгерски произносится точно так же, как по-русски.

Oroszul pontosan úgy ejtik, mint magyarul.

lusztráció (korlátozások; titkos posta megnyitása)

люстрация (ограничения; тайное вскрытие почты)

На венгерском произносится „лустрацийо" с ударением на „лус".

Oroszul „ljusztrácijá"-nak ejtik, a „rá" ékezettel.

lux (megvilágítás mértékegysége)

люкс (единица освещения)

По-венгерски произносится точно так же, как по-русски.

Oroszul pontosan úgy ejtik, mint magyarul.

Ly

lyuk (nyílás fedéllel lefelé vagy befelé behatoláshoz)
люк (отверстие с крышкой для проникновения вниз или внутрь)
На венгерском произносится „йук“.
Oroszul a „lük”-nak ejtik.

M

machináció (= átverés)
махинация (= жульничество)
На венгерском произносится „мохинациё" с ударением на „мо".
Oroszul „mahinácijá"-nak ejtik, a „ná" ékezettel.

maffia (szervezett bűnözés)
мафия (организованная преступность)
По-венгерски произносится точно так же, как по-русски.
Oroszul pontosan úgy ejtik, mint magyarul.

magnetofon (hangrögzítő készülék)
магнитофон (прибор для записи звука)
По-венгерски как по-русски, только с ударением на „маг".
Oroszul mint magyarul csak a hangsúly a „fon"-ra került.

mahorka (silány minőségű dohány)
махорка (табак плохого качества)
По-венгерски как по-русски, только с ударением на „ма".
Oroszul mint magyarul csak a hangsúly a „hor"-ra került.

majonéz (mártás)
майонез (соус)
По-венгерски как по-русски, только с ударением на „ма".
Oroszul mint magyarul csak a hangsúly a „néz"-re került.

makaróni (= száraztészta)

макароны (пищевой продукт)

На венгерском произносится „мокароуни“ с ударением на „мо“.

Oroszul „mákároniy”-nek ejtik, a „ro” ékezettel.

makett (kicsinyített pontos mása)

макет (точная копия в уменьшенном виде)

По-венгерски как по-русски, только с ударением на „мо“.

Oroszul mint magyarul csak a hangsúly a „ket"-re került.

makulatúra (= selejtpapír; papírhulladék)

макулатура (отслужившая срок бумага)

По-венгерски как по-русски, только с ударением на „ма“.

Oroszul mint magyarul csak a hangsúly a „tú"-ra került.

mama (= anyu)

мама (= мать)

По-венгерски произносится точно так же, как по-русски.

Oroszul pontosan úgy ejtik, mint magyarul.

mamaliga (sűrű kukoricalisztből kása Kárpátalján (Ukraina), Romániában és Moldovában)

мамалыга (густая кукурузная каша в Закарпатье (Украина), Румынии и Молдове)

По-венгерски как по-русски, только с ударением на „ма“.

Oroszul mint magyarul csak a hangsúly a „li"-re került.

mandzsetta (= kézelő)

манжета (= манжет)

По-венгерски как по-русски, только с ударением на „ман“.

Oroszul mint magyarul csak a hangsúly a „zse"-re került.

maneken (= manöken, próbababa)
манекен (кукла в рост человека для одежды)
По-венгерски как по-русски, только с ударением на „ма".
Oroszul mint magyarul csak a hangsúly a „ken"-re került.

mangalica (egy birkaszerű göndör hajú magyar disznó. Magyar nemzeti kincs)
мангалица (венгерская свинья с кудрявой шерстью, как овца. Национальное достояние Венгрии)
По-венгерски как по-русски, только с ударением на „ман".
Oroszul mint magyarul csak a hangsúly a „ga"-ra vagy „li"-re került.

mangó (gyümölcs)
манго (фрукт)
По-венгерски произносится точно так же, как по-русски.
Oroszul pontosan úgy ejtik, mint magyarul.

manikűr (ujj- és körömápolás)
маникюр (уход за пальцами рук и ногтей)
По-венгерски как по-русски, только с ударением на „ма".
Oroszul mint magyarul csak a hangsúly a „kűr"-ra került.

manipuláció (társadalmi hatás a cél eléréséhez)
манипуляция (социальное воздействие для достижения цели)
На венгерском произносится „монипульациё" с ударением на „мо".
Oroszul „mánipuljácijá"-nak ejtik, a „ljá" ékezettel.

manőver (furfangos cselekvés)
маневр (хитрое действие)
На венгерском произносится „монювэр" с ударением на „мо".
Oroszul „mánjovr"-nak ejtik, a „njovr" ékezettel.

manufaktúra (kézi gyártómű)
мануфактура (ручное производственное предприятие)
По-венгерски произносится точно так же, как по-русски.
Oroszul pontosan úgy ejtik, mint magyarul.

manzárd (lakótér a tetőtérben)
мансарда (жилое пространство на чердаке)
На венгерском произносится „монзард" с ударением на „мон".
Oroszul „mánszárdá"-nak ejtik, a „szár" ékezettel.

margarin (növény olajból vajpótló)
маргарин (заменитель сливочного масла из растительных масел)
По-венгерски как по-русски, только с ударением на „мар".
Oroszul mint magyarul csak a hangsúly a „rin"-re került.

marmelád (zselészerű gyümölcs édesség)
мармелад (желеобразная сладость из фруктов)
По-венгерски как по-русски, только с ударением на „мар".
Oroszul mint magyarul csak a hangsúly a „lád"-ra került.

marsall (= tábornagy; legmagasabb katonai rang)
маршал (высшее воинское звание)
По-венгерски произносится точно так же, как по-русски.
Oroszul pontosan úgy ejtik, mint magyarul.

masina (gépezet)
машина (механизм)
По-венгерски как по-русски, только с ударением на „мо".
Oroszul mint magyarul csak a hangsúly a „si"-re került.

masiniszta (= gépkezelő)
машинист (= оператор машины)
На венгерском произносится „мошиниста" с ударением на „мо".
Oroszul „másiniszt"-nek ejtik, a „niszt" ékezettel.

massza (= tömeg)
масса (= объём)
По-венгерски произносится точно так же, как по-русски.
Oroszul pontosan úgy ejtik, mint magyarul.

masszázs (test test dagasztás)
массаж (разминание тела)
По-венгерски как по-русски, только с ударением на „ма".
Oroszul mint magyarul csak a hangsúly az „ázs"-ra került.

maszk (arcot fedő huzat; öntvény arcról)
маска (накладка на лицо; слепок с лица)
На венгерском произносится „моск".
Oroszul „mászká"-nak ejtik, a „mász" ékezettel.

maszturbáció (szexuális önkielégítés)
мастурбация (= онанизм; сексуальное самоудовлетворение)
На венгерском произносится „мостурбациё" с ударением на „мос".
Oroszul „mászturbácijá"-nak ejtik, a „bá" ékezettel.

matérial (= anyag)
материал (вещество для продукции; ткань)
По-венгерски как по-русски, только с ударением на „мо".
Oroszul mint magyarul csak a hangsúly az „al"-ra került.

matrac (= ágybetét)
матрас, матрац (съёмный элемент кровати для мягкого лежания)
По-венгерски как по-русски, только с ударением на „ма".
Oroszul mint magyarul csak a hangsúly a „ra"-ra került.

matróz (a hajó legénység rang nélkül tagja)

матрос (рядовой член экипажа судна)

По-венгерски как по-русски, только с ударением на „мо".
Oroszul mint magyarul csak a hangsúly a „ró"-ra került.

mazut (olajtermék)

мазут (нефтепродукт)

По-венгерски как по-русски, только с ударением на „мо".
Oroszul mint magyarul csak a hangsúly a „zut"-ra került.

mágia (= boszorkánysák)

магия (= колдовство)

По-венгерски произносится точно так же, как по-русски.
Oroszul pontosan úgy ejtik, mint magyarul.

mák (növény)

мак (растение)

По-венгерски произносится точно так же, как по-русски.
Oroszul pontosan úgy ejtik, mint magyarul.

mánia, mania (= szenvedély, őrület)

мания (= страсть, безумие)

По-венгерски произносится точно так же, как по-русски.
Oroszul pontosan úgy ejtik, mint magyarul.

márka (= védjegy; papír okmányt valamit kifizetésre)

марка (товарный знак, бумажный документ для
оплаты чего-либо)

По-венгерски произносится точно так же, как по-русски.
Oroszul pontosan úgy ejtik, mint magyarul.

meccs (= verseny)

матч (= состязание)

На венгерском произносится „мэч".

Oroszul a „mács"-nak ejtik.

mechanika (mozgástudomány)

механика (наука о движении)

По-венгерски как по-русски, только с ударением на „ме".

Oroszul mint magyarul csak a hangsúly a „ha"-ra került.

medália (kerek formájú fém tábla jelvény)

медаль (знак отличия в форме круглой металлической бляшки)

На венгерском произносится „мэдалия" с ударением на „мэ".

Oroszul „medálj"-nak ejtik, a „dálj" ékezettel.

medálion (kerek alakú ékszer a nyakra láncon)

медальон (округлой формы ювелирное изделие для шеи на цепочке)

По-венгерски как по-русски, только с ударением на „ме".

Oroszul mint magyarul csak a hangsúly az „on"-ra került.

medúza (kocsonyás tengeri állat)

медуза (желеобразное морское животное)

По-венгерски как по-русски, только с ударением на „ме".

Oroszul mint magyarul csak a hangsúly a „dú"-ra került.

medve (állat)

медведь (животное)

На венгерском произносится „мэдвэ" с ударением на „мэд".

Oroszul „medvedy"-nek ejtik, a „vedy" ékezettel.

melódia (az, mit teszi emlékezetessé a zenét)

мелодия (то, что делает музыку запоминающейся)

По-венгерски как по-русски, только с ударением на „ме".

Oroszul mint magyarul csak a hangsúly a „ló"-ra került.

membrán (= hártya)

мембрана (= перепонка)

На венгерском произносится „мэмбран" с ударением на „мэм".

Oroszul „membráná"-nak ejtik, a „rá" ékezettel.

menstruáció (= menzesz)

менструация (= месячные)

На венгерском произносится „мэнштруациё" с ударением на „мэн".

Oroszul „mensztruácijá"-nak ejtik, az elsőn „á" ékezettel.

menü (= étlap)

меню (= разблюдовка)

По-венгерски как по-русски, только с ударением на„ ме".

Oroszul mint magyarul csak a hangsúly a „nü"-ra került.

mester (= szakember)

мастер (= умелец)

На венгерском произносится „мэштэр" с ударением на „мэш".

Oroszul „másztyer"-nek ejtik, a „mász" ékezettel.

metró (= földalatti)

метро (= подземка)

По-венгерски как по-русски, только с ударением на „мет".

Oroszul mint magyarul csak a hangsúly a „ró"-ra került.

méter (1 méter = 100 centiméter)

метр (1 метр = 100 сантиметров)

На венгерском произносится „мэйтэр" с ударением на „мэй".

Oroszul a „metr"-nek ejtik.

miau (macskahang)
мяу (кошачий звук)
По-венгерски произносится точно так же, как по-русски.
Oroszul pontosan úgy ejtik, mint magyarul.

migráció (= elvándorlás)
миграция (переселение народа)
На венгерском произносится „миграцië" с ударением на „миг".
Oroszul „migrácijá"-nak ejtik, a „rá" ékezettel.

mikrofon (hangátalakító eszköz)
микрофон (устройство преобразования звука)
По-венгерски как по-русски, только с ударением на „мик".
Oroszul mint magyarul csak a hangsúly a „fon"-ra került.

mikroszkóp (nagyító eszköz)
микроскоп (увеличительный прибор)
По-венгерски как по-русски, только с ударением на „мик".
Oroszul mint magyarul csak a hangsúly a „kóp"-ra került.

milícia (= rendőrség)
милиция (= полиция)
По-венгерски как по-русски, только с ударением на „ми".
Oroszul mint magyarul csak a hangsúly a „lí"-re került.

milliárd (1 milliárd = 1000 millió)
миллиард (1 миллиард = 1000 миллионов)
По-венгерски как по-русски, только с ударением на „ми".
Oroszul mint magyarul csak a hangsúly az „árd"-ra került.

milligramm (tömeg mérés egység)
миллиграмм (единица измерения массы)
По-венгерски как по-русски, только с ударением на „ми“.
Oroszul mint magyarul csak a hangsúly a „ram"-ra került.

milliméter (1 centiméter = 10 milliméter)
миллиметр (1 сантиметр = 10 миллиметров)
На венгерском произносится „милимэйтэр“ с ударением на „ми“.
Oroszul „milimyetr”-nek ejtik, a „myetr” ékezettel.

millió (1 millió = 1 000 000)
миллион (1 миллион = 1 000 000)
На венгерском произносится „мильйоу“ с ударением на „ми“.
Oroszul „million”-nak ejtik, az „on” ékezettel.

mimika (arcizmok nyelve)
мимика (язык мышц лица)
По-венгерски произносится точно так же, как по-русски.
Oroszul pontosan úgy ejtik, mint magyarul.

minimum (legkevesebb mennyiség)
минимум (наименьшее количество)
По-венгерски произносится точно так же, как по-русски.
Oroszul pontosan úgy ejtik, mint magyarul.

miniszter (az állam egy igazgatási területéért főnök)
министр (глава государственной отрасли)
По-венгерски как по-русски, только с ударением на „ми“.
Oroszul mint magyarul csak a hangsúly a „ni"-re került.

minutum (= perc)
минута (единица измерения времени)
На венгерском произносится „минутум“ с ударением на „ми“.
Oroszul „minutá”-nak ejtik, a „nu” ékezettel.

misztika (= titokzatosság)

мистика (= таинственность)

По-венгерски произносится точно так же, как по-русски.

Oroszul pontosan úgy ejtik, mint magyarul.

mixtura (folyékony gyógyszer)

микстура (жидкое лекарство)

По-венгерски как по-русски, только с ударением на „мик".

Oroszul mint magyarul csak a hangsúly a „tu"-ra került.

mínusz (kivonás és ennek a jele: -)

минус (вычитание и его знак: -)

По-венгерски произносится точно так же, как по-русски.

Oroszul pontosan úgy ejtik, mint magyarul.

mobilizáció (= mozgósítás)

мобилизация (= призыв)

На венгерском произносится „мобилизацië" с ударением на „мо".

Oroszul „mobilizácijá"-nak ejtik, a „zá" ékezettel.

moly (rovar)

моль (насекомое)

На венгерском произносится „мой".

Oroszul a „molj"-nak ejtik.

monostor (= kolostor)

монастырь (= обитель)

На венгерском произносится „моноштор" с ударением на „мо".

Oroszul „mánásztijry"-nek ejtik, a „tijry" ékezettel.

montázs (= összerakás)
монтаж (= сборка)
По-венгерски как по-русски, только с ударением на „мон".
Oroszul mint magyarul csak a hangsúly a „tázs"-ra került.

montőr (szerelő)
монтёр (сборщик)
По-венгерски как по-русски, только с ударением на „мон".
Oroszul mint magyarul csak a hangsúly a "tőr"-ra került.

motor (= hajtómű)
мотор (= двигатель)
По-венгерски как по-русски, только с ударением на „мо".
Oroszul mint magyarul csak a hangsúly a „tor"-ra került.

mozaik (művészeti technika)
мозаика (художественная техника)
На венгерском произносится „мозаик" с ударением на „мо".
Oroszul „mázájká"-nak ejtik, a „záj" ékezettel.

módi (= divat)
мода (стиль)
На венгерском произносится „моды" с ударением на „мо".
Oroszul „modá"-nak ejtik, a „mo" ékezettel.

muliné (sodrott cérna)
мулине (скрученная нить)
По-венгерски как по-русски, только с ударением на „му".
Oroszul mint magyarul csak a hangsúly a „né"-re került.

mundér (katonai egyenruha)
мундир (военная форма)
На венгерском произносится „мундэйр" с ударением на „мун".
Oroszul „mundyir"-nek ejtik, a „dyir" ékezettel.

muníció (= hadifelszerelés)
амуниция (военное снаряжение)
На венгерском произносится „мунициё" с ударением на „му".
Oroszul „ámunyicijá"-nak ejtik, a „nyi" ékezettel.

muszlin (finomszövésű pamut)
муслин (тонкая хлопковая ткань)
По-венгерски как по-русски, только с ударением на „мус".
Oroszul mint magyarul csak a hangsúly a „lin"-re került.

musztáng (elvadult házi ló)
мустанг (одичавшая домашняя лошадь)
По-венгерски как по-русски, только с ударением на „мус".
Oroszul mint magyarul csak a hangsúly a „táng"-ra került.

muzsik (orosz paraszt)
мужик (= крестьянин)
По-венгерски как по-русски, только с ударением на „му".
Oroszul mint magyarul csak a hangsúly a „zsik"-re került.

muzsika (= zene)
музыка (звуковой вид искусства)
На венгерском произносится „мужика" с ударением на „му".
Oroszul „muzijká"-nak ejtik, a „mu" ékezettel.

múmia (kiszáradt holttest bomlás ellen kikezelt)
мумия (высохший труп, обработанный от разложения)
По-венгерски произносится точно так же, как по-русски.
Oroszul pontosan úgy ejtik, mint magyarul.

múzeum (kulturális intézmény)

музей (культурное учреждение)

На венгерском произносится „музэум" с ударением на „му".
Oroszul „muzej"-nek ejtik, a „zej" ékezettel.

N

naturalizáció (= honosítás)
натурализация (приобретение гражданства)
На венгерском произносится „нотурализациё“ с ударением на „но“.
Oroszul „náturálizácijá”-nak ejtik, a „zá” ékezettel.

navigáció (= tájékozódás; tengeri közlekedés)
навигация (= ориентация; морское судоходство)
На венгерском произносится „новигациё“ с ударением на „но“.
Oroszul „návigácijá”-nak ejtik, a „gá” ékezettel.

navigátor (= hajózótiszt)
навигатор (= штурман)
По-венгерски как по-русски, только с ударением на „на“.
Oroszul mint magyarul csak a hangsúly a „gá”-ra került.

náció (= nemzet)
нация (народ)
На венгерском произносится „нациё“ с ударением на „на“.
Oroszul „nácijá”-nak ejtik, a „ná” ékezettel.

nárcisz (növény; önimádat)
нарцисс (растение; самовлюбленность)
По-венгерски как по-русски, только с ударением на „нар“.
Oroszul mint magyarul csak a hangsúly a „cisz"-re került.

nekroló́g (= gyászjelentés)
некролог (заметка об умершем)
По-венгерски как по-русски, только с ударением на „нек“.
Oroszul mint magyarul csak a hangsúly a „lóg"-ra került.

nektár (virágok által kiválasztott gyümölcslé; ital)
нектар (сок, выделяемый цветками; напиток)
По-венгерски как по-русски, только с ударением на „нек“.
Oroszul mint magyarul csak a hangsúly a „tár"-ra került.

nettó (valami tiszta tömege)
нетто (чистая масса чего-то)
По-венгерски произносится точно так же, как по-русски.
Oroszul pontosan úgy ejtik, mint magyarul.

né́ger (rassz)
негр (раса)
На венгерском произносится „нэйгэр“ с ударением на „нэй“.
Oroszul a „nyegr”-nek ejtik.

nikkel (fém)
никель (металл)
По-венгерски произносится точно так же, как по-русски.
Oroszul pontosan úgy ejtik, mint magyarul.

nikotin (mérgező kábítószer)
никотин (ядовитое наркотическое вещество)
По-венгерски как по-русски, только с ударением на „ни“.
Oroszul mint magyarul csak a hangsúly a „tin"-re került.

norma (megállapított szabály)
норма (установленное правило)
По-венгерски произносится точно так же, как по-русски.
Oroszul pontosan úgy ejtik, mint magyarul.

nosztalgia (honvágy vagy múlt iránt)
ностальгия (тоска по родине или прошлом)
По-венгерски как по-русски, только с ударением на „нос“.
Oroszul mint magyarul csak a hangsúly a „gi"-re került.

nómenklatúra (uralkodó elit; címlista)
номенклатура (правящая элита; перечень названий)
По-венгерски как по-русски, только с ударением на „но“.
Oroszul mint magyarul csak a hangsúly a „tú"-ra került.

nótárius (= jegyző, közjegyző)
нотариус (государственный юрист, удостоверяющий документы)
На венгерском произносится „ноутариуш“ с ударением на „ноу“.
Oroszul „notáriusz"-nak ejtik, a „tá" ékezettel.

null (= nulla; szám)
ноль (число)
На венгерском произносится „нуль“.
Oroszul a "noll"-nak ejtik.

nutria (= hódpatkány, mocsári hód)
нутрия (животное грызун)
По-венгерски произносится точно так же, как по-русски.
Oroszul pontosan úgy ejtik, mint magyarul.

nüánsz (csekély különbség)
нюанс (тонкое различие)
По-венгерски как по-русски, только с ударением на „ню“.
Oroszul mint magyarul csak a hangsúly az „ánsz"-ra került.

Ny

nylon (poliamid anyagok és szálak)

нейлон (материалы и волокна из полиамида)

На венгерском произносится „нилон“ с ударением на „ни“.
Oroszul „nyejlon”-nak ejtik, a „lon” ékezettel.

O

oázis (vízlelőhely növényzettel a sivatagban)
оазис (водоем с растительностью в пустыне)
На венгерском произносится „оазиш" с ударением на „о".
Oroszul „oázisz"-nek ejtik, az „á" ékezettel.

obeliszk (felfelé keskenyedő monumentalis oszlop)
обелиск (монументальный столб, сужающийся кверху)
По-венгерски как по-русски, только с ударением на „о".
Oroszul mint magyarul csak a hangsúly a „liszk"-re került.

okkázió (= szerencse)
оказия (= удача)
На венгерском произносится „окказиё" с ударением на „ок".
Oroszul „ákázijá"-nak ejtik, a „ká" ékezettel.

okkupáció (= megszállás)
оккупация (военный захват территории)
На венгерском произносится „оккупациё" с ударением на „ок".
Oroszul „ákupácijá"-nak ejtik, a „pá" ékezettel.

olíva (= olajbogyó)
олива (= маслина)
По-венгерски как по-русски, только с ударением на „о".
Oroszul mint magyarul csak a hangsúly a „lí"-re került.

oltár (áldozati hely)
алтарь (= жертвенник)
На венгерском произносится „ольтар" с ударением на „оль".
Oroszul „áltáry"-nak ejtik, a „táry" ékezettel.

omlett (rántott tojas adalékanyagokkal)
омлет (яичница с добавками)
По-венгерски как по-русски, только с ударением на „ом".
Oroszul mint magyarul csak a hangsúly a „let"-re került.

omnibusz (többüléses lovas kocsi)
омнибус (многоместная повозка в конной упряжке)
По-венгерски произносится точно так же, как по-русски.
Oroszul pontosan úgy ejtik, mint magyarul.

opera (zene, színpadi cselekvés és szavak szintézise)
опера (синтез музыки, сценического действия и слова)
По-венгерски произносится точно так же, как по-русски.
Oroszul pontosan úgy ejtik, mint magyarul.

operátor (= kezelő)
оператор (специалист)
По-венгерски как по-русски, только с ударением на „оп".
Oroszul mint magyarul csak a hangsúly a „rá"-ra került.

opponens (= ellenkező)
оппонент (= соперник)
На венгерском произносится „оппонэнш" с ударением на „оп".
Oroszul „ápányent"-nek ejtik, a „nyent" ékezettel.

oppozíció (= ellenzék)
оппозиция (= противодействие)
На венгерском произносится „оппозициё" с ударением на „оп".
Oroszul „ápázicijá"-nak ejtik, a „zi" ékezettel.

optika (= lencse; a fény viselkedésének és tulajdonságainak tudománya)

оптика (= объектив; наука о поведении и свойствах света)

По-венгерски произносится точно так же, как по-русски.

Oroszul pontosan úgy ejtik, mint magyarul.

organizáció (= intézmény; csoport; rendező tevékenység)

организация (= учреждение; группа; деятельность)

На венгерском произносится „организацие“ с ударением на „ор“.

Oroszul „árgánizácijá"-nak ejtik, a „zá" ékezettel.

organizátor (= szervező)

организатор (= устроитель)

По-венгерски как по-русски, только с ударением на „ор“.

Oroszul mint magyarul csak a hangsúly a „zá"-ra került.

orientáció (= irányulás)

ориентация (= направление)

На венгерском произносится „ориентацие“ с ударением на „о“.

Oroszul „árijentácijá"-nak ejtik, a „tá" ékezettel.

orkesztra (= zenekar)

оркестр (большая группа музыкантов)

На венгерском произносится „оркестра“ с ударением на „ор“.

Oroszul „árkesztr"-nek ejtik, a „kesztr" ékezettel.

ováció (dörgő taps)

овация (бурные аплодисменты)

На венгерском произносится „овацие“ с ударением на „о“.

Oroszul „ávácijá"-nak ejtik, a „vá" ékezettel.

Ó

óceán (a föld vízhéja)
океан (водная оболочка земли)
На венгерском произносится „оцэан“ с ударением на „о“.
Oroszul „ákeán”-nak ejtik, az „án” ékezettel.

ózon (oxigén módosítása)
озон (модификация кислорода)
По-венгерски как по-русски, только с ударением на „оз“.
Oroszul mint magyarul csak a hangsúly az „on"-ra került.

Ö

ökonómia (= takarékosság)

экономия (= бережливость)

По-венгерски как по-русски, только с ударением на „э“.

Oroszul mint magyarul csak a hangsúly a „nő"-ra került.

P

pagoda (építmény)
пагода (здание)
По-венгерски произносится точно так же, как по-русски.
Oroszul pontosan úgy ejtik, mint magyarul.

paliszád (= palánk)
палисад (= частокол)
По-венгерски как по-русски, только с ударением на „по".
Oroszul mint magyarul csak a hangsúly a „szád"-ra került.

pallos (fegyver: kard és szablya kombinációja)
палаш (оружие: сочетание меча с саблей)
На венгерском произносится „поллош" с ударением на „пол".
Oroszul „pálás"-nak ejtik, az „lás" ékezettel.

palota (= kastély)
палата (= дворец)
По-венгерски как по-русски, только с ударением на „по".
Oroszul mint magyarul csak a hangsúly a „lá"-ra került.

palóc (észak-magyarországi népcsoport; leves)
палоц (северная венгерская этническая группа; венгерский суп)
По-венгерски произносится точно так же, как по-русски.
Oroszul pontosan úgy ejtik, mint magyarul.

pampuska (sütemények) -
пампушка (выпечка)
По-венгерски как по-русски, только с ударением на „пам".
Oroszul mint magyarul csak a hangsúly a „pus"-ra került.

panzió (kis szálloda)
пансион (небольшой отель)
На венгерском произносится „понзиё" с ударением на „пон".
Oroszul „pánszion"-nak ejtik, az „on" ékezettel.

papa (= apa)
папа (= отец)
По-венгерски произносится точно так же, как по-русски.
Oroszul pontosan úgy ejtik, mint magyarul.

papagáj (madár)
попугай (птица)
На венгерском произносится „попогай" с ударением на на первое „по".
Oroszul „pápugáj"-nak ejtik, a „gáj" ékezettel.

paprika (növény; fűszer)
паприка (растение; специя)
По-венгерски произносится точно так же, как по-русски.
Oroszul pontosan úgy ejtik, mint magyarul.

paraffin (viaszszerű keverék, kőolaj desztilláció terméke)
парафин (воскоподобная смесь, продукт перегонки нефти)
По-венгерски как по-русски, только с ударением на „па".
Oroszul mint magyarul csak a hangsúly a „fin"-re került.

paranoia (gondolkodási zavar)
паранойя (расстройство мышления)
По-венгерски как по-русски, только с ударением на „па".
Oroszul mint magyarul csak a hangsúly a „no"-ra került.

parazita (aki a másik rovására él)

паразит (тот, кто живет за счет другого)

На венгерском произносится „порозита" с ударением на „по".

Oroszul „párázit"-nek ejtik, a „zit" ékezettel.

parádé (ünnepi felvonulás)

парад (торжественное прохождение строем)

На венгерском произносится „порадэй" с ударением на „по".

Oroszul „párád"-nak ejtik, a „rád" ékezettel.

parcella (= földterület)

парце́лла (= земельный участок)

По-венгерски как по-русски, только с ударением на „пар".

Oroszul mint magyarul csak a hangsúly a „ce"-re került.

park (nagy díszkert kikapcsolódásra)

парк (большой декоративный сад для отдыха)

По-венгерски произносится точно так же, как по-русски.

Oroszul pontosan úgy ejtik, mint magyarul.

parkett (fa padlóburkolat)

паркет (напольное покрытие из дерева)

По-венгерски как по-русски, только с ударением на „пор".

Oroszul mint magyarul csak a hangsúly a „ket"-re került.

parlament (= Országgyűlés)

парламент (= Дума)

По-венгерски как по-русски, только с ударением на „пор".

Oroszul mint magyarul csak a hangsúly a „la"-ra került.

paróka (sapka alakú álhaj)
парик (шапкообразные накладные волосы)
На венгерском произносится „пароука" с ударением на „па".
Oroszul „párik"-nek ejtik, a „rik" ékezettel.

partisan (népi harcos az ellenség vonalak mögött)
партизан (боец народного сопротивления в тылу врага)
По-венгерски как по-русски, только с ударением на „пор".
Oroszul mint magyarul csak a hangsúly az „án"-ra került.

paszta (sűrű kenőcs)
паста (густая мазь)
По-венгерски произносится точно так же, как по-русски.
Oroszul - pontosan úgy ejtik, mint magyarul.

paszternák (zöldség)
пастернак (овощ)
По-венгерски как по-русски, только с ударением на „пос".
Oroszul mint magyarul csak a hangsúly a „nák"-ra került.

patak (vízfolyás; áramlás)
поток (ручей; течение)
По-венгерски как по-русски, только с ударением на „по".
Oroszul mint magyarul csak a hangsúly a „tak"-ra került.

patália (hangos veszekedés)
баталия (громкая ссора)
На венгерском произносится „поталия" с ударением на „по".
Oroszul „bátálijá"-nak ejtik, a „tá" ékezettel.

patkó (fémes merevítő a patának)
подкова (металлическая скоба для копыта)
На венгерском произносится „паткоу" с ударением на „пат".
Oroszul „pátková"-nak ejtik, a „ko" ékezettel.

patrióta (= hazafi, honfi)

патриот (= отчизнолюб)

На венгерском произносится „потриота" с ударением на „пот".
Oroszul „pátriot"-nak ejtik, az „ot" ékezettel.

patron (katonai lőszer)

патрон (военный боеприпас)

По-венгерски как по-русски, только с ударением на „пат".
Oroszul mint magyarul csak a hangsúly a „ron"-ra került.

patrul (= járőr)

патруль (= дозорный)

На венгерском произносится „патрул" с ударением на „пат".
Oroszul „pátrulj"-nak ejtik, a „rulj" ékezettel.

pauza (= szünet)

пауза (= перерыв)

По-венгерски произносится точно так же, как по-русски.
Oroszul pontosan úgy ejtik, mint magyarul.

pavilon (kis építmény)

павильон (небольшая постройка)

На венгерском произносится „повилон" с ударением на „по".
Oroszul „páviljyon"-nak ejtik, az „on" ékezettel.

páciens (aki megelőzés céljából vagy betegség közben orvoshoz fordul)

пациент (тот, кто обращается к врачу для профилактики или во время болезни)

На венгерском произносится „пациенш" с ударением на „па".
Oroszul „pácient"-nek ejtik, az „ent" ékezettel.

pálca (egyenes rúd, sétabot)

палка (= батог, посох, трость)

На венгерском произносится „палца“ с ударением на „пал“.

Oroszul „pálká”-nak ejtik, a „pál” ékezettel.

pálinka (magyar erős gyümölcspárlat)

палинка (венгерский крепкий фруктовый бренди:
“палит во рту”)

По-венгерски произносится точно так же, как по-русски.

Oroszul pontosan úgy ejtik, mint magyarul.

pálma (növény)

пальма (растение)

На венгерском произносится „палмо“ с ударением на „пал“.

Oroszul „páljmá”-nak ejtik, a „pálj” ékezettel.

páncél (merev anyagból védőfelszerelés)

панцирь (= броня, латы)

На венгерском произносится „панцэйл“ с ударением на „пан“.

Oroszul „pánciry”-nek ejtik, a „pán” ékezettel.

pánik (fékezhetetlen rémület)

паника (неконтролируемый страх)

На венгерском произносится „паник“ с ударением на „па“.

Oroszul „pányiká”-nak ejtik, a “pá” ékezettel.

pár (= kettő)

пара (= два)

На венгерском произносится „пар“.

Oroszul „párá”-nak ejtik, a „pá” ékezettel.

pára (= párolgás)
пар (= испарения)
На венгерском произносится „паро" с ударением на „па".
Oroszul a „pár"-nak ejtik.

pária (= kitaszított)
пария (= изгой)
По-венгерски произносится точно так же, как по-русски.
Oroszul pontosan úgy ejtik, mint magyarul.

párocska (szerelmes pár)
парочка (влюблённая пара)
По-венгерски произносится точно так же, как по-русски.
Oroszul pontosan úgy ejtik, mint magyarul.

pástétom (előétel pépesített főtt húsból vagy halból)
паштет (закуска из протёртого вареного мяса или рыбы)
На венгерском произносится „паштэйтом" с ударением на „паш".
Oroszul „pástyét"-nek ejtik, a „tyét" ékezettel.

pásztor (vallási közösség vezetője)
пастор (= пастырь; руководитель религиозной общины)
По-венгерски произносится точно так же, как по-русски.
Oroszul pontosan úgy ejtik, mint magyarul.

pátriárka (vezető főpap; közösség véne)
патриарх (= первосвященник; старейшина)
На венгерском произносится „патриарко" с ударением на „пат".
Oroszul „pátriárh"-nak ejtik, az „árh" ékezettel.

pecsét (= bélyegző)
печать (= штамп)
На венгерском произносится „пэчэйт" с ударением на „пэ".
Oroszul „pecsáty"-nak ejtik, a „csá" ékezettel.

pedál (lábbal működtetett kar)

педаль (рычаг, нажимаемый ступнёй)

На венгерском произносится „пэдал“ с ударением на „пэ“.
Oroszul „pedálj”-nak ejtik, a „dálj” ékezettel.

pederaszta (= homoszexuális, szodomita)

педераст (= гомосексуалист, мужеложец, содомит)

На венгерском произносится „пэдэраста“ с ударением на „пэ“.
Oroszul „pederászt”-nak ejtik, a „rászt” ékezettel.

pedikűr (lábujj- és körömápolás)

педикюр (уход за пальцами ног и ногтей)

По-венгерски как по-русски, только с ударением на „пе“.
Oroszul mint magyarul csak a hangsúly a „kűr"-ra került.

pelenka (= pólya)

пелёнка (= подгузник)

На венгерском произносится „пэлэнка“ с ударением на „пэ“.
Oroszul „pelönká”-nak ejtik, a „lön” ékezettel.

pelerin (rövid ujjatlan köpeny)

пелерина (короткая безрукавная накидка)

На венгерском произносится „пелерин“ с ударением на „пе“.
Oroszul „peleriná”-nak ejtik, a „ri” ékezettel.

penzió (= nyugdíj)

пенсия (регулярное пособие по старости)

На венгерском произносится „пэнзиё“ с ударением на „пэн“.
Oroszul „penszijá”-nak ejtik, a „pen” ékezettel.

percent (= százalék és ennek a jele: %) -
процент (сотая часть и его знак: %)
На венгерском произносится „пэрсэнт" с ударением на „пэр".
Oroszul „prácent"-nek ejtik, a „cent" ékezettel.

perforátor (= lyukasztó)
перфоратор (= дырокол)
По-венгерски как по-русски, только с ударением на „пер".
Oroszul mint magyarul csak a hangsúly a „rá"-ra került.

peron (utasperon az állomáson)
перрон (платформа для пассажиров на вокзале)
По-венгерски как по-русски, только с ударением на „пе".
Oroszul mint magyarul csak a hangsúly a „ron"-ra került.

peták (kis értékű fémpénz)
пятак (монета)
На венгерском произносится „пэтак" с ударением на „пэ".
Oroszul „pyáták"-nak ejtik, a „ták" ékezettel.

petárda (tűzijáték papír lövedék)
петарда (бумажный снаряд для фейерверка)
По-венгерски как по-русски, только с ударением на „пе".
Oroszul mint magyarul csak a hangsúly a „tár"-ra került.

petíció (kollektív kérés)
петиция (коллективное прошение)
На венгерском произносится „пэтициё" с ударением на „пэ".
Oroszul „petyicijá"-nak ejtik, a „tyi" ékezettel.

pfuj! (az undor kifejezése)
фу! (выражение отвращения)
На венгерском произносится „фуй".
Oroszul a „fu"-nak ejtik.

pianínó (= zongorácska)
пианино (клавишный музыкальный инструмент)
По-венгерски как по-русски, только с ударением на „пи“.
Oroszul mint magyarul csak a hangsúly a „ní"-re került.

piedesztál (= talapzat)
пьедестал (= постамент)
По-венгерски как по-русски, только с ударением на „пье“.
Oroszul mint magyarul csak a hangsúly a „tál"-ra került.

piff-paff, piff-puff (lövéshang megnevezése)
пиф-паф (обозначения звука выстрела)
По-венгерски произносится точно так же, как по-русски.
Oroszul pontosan úgy ejtik, mint magyarul.

pigment (festék amit a vízben szinte oldhatatlan)
пигмент (краситель почти нерастворимый в воде)
По-венгерски как по-русски, только с ударением на „пиг“.
Oroszul mint magyarul csak a hangsúly a „ment"-re került.

pika (hosszú nyelű szúrófegyver) -
пика (колющее оружие с длинной рукоятью)
По-венгерски произносится точно так же, как по-русски.
Oroszul pontosan úgy ejtik, mint magyarul.

pilóta (repülőgép vezető; profi versenyautó-vezető)
пилот (= лётчик; профессиональный автогонщик)
На венгерском произносится „пилоута“ с ударением на „пи“.
Oroszul „pilot"-nak ejtik, a „lot" ékezettel.

pilule (= pirula, gyógyszer szilárd golyó formájában)
пилюля (лекарство в форме твёрдого шарика)
На венгерском произносится „пилюль" с ударением на „пи".
Oroszul „pilüljá"-nak ejtik, a „lü" ékezettel.

pingpong (= asztalitenisz)
пинг-понг (= настольный теннис)
По-венгерски произносится точно так же, как по-русски.
Oroszul pontosan úgy ejtik, mint magyarul.

pionír (= úttörő)
пионер (= первопроходец)
На венгерском произносится „пионир" с ударением на „пи".
Oroszul „pionyer"-nek ejtik, a „nyer" ékezettel.

pisztoly (rövid csövű lőfegyver)
пистолет (короткоствольное стрелковое оружие)
На венгерском произносится „пистой" с ударением на „пис".
Oroszul „pisztáljet"-nek ejtik, a „ljet" ékezettel.

pizsama (laza ing és nadrág alváshoz)
пижама (свободная рубашка и штаны для сна)
По-венгерски как по-русски, только с ударением на „пи".
Oroszul mint magyarul csak a hangsúly a „zsá"-ra került.

plakát (nagy méretű hirdetés, szlogen)
плакат (крупная реклама, лозунг)
По-венгерски как по-русски, только с ударением на „пло".
Oroszul mint magyarul csak a hangsúly a „kát"-ra került.

planéta (= bolygó)
планета (небесное тело)
По-венгерски как по-русски, только с ударением на „пло".
Oroszul mint magyarul csak a hangsúly a „né"-re került.

plasztik (= műanyag)
пластик (= пластмасса)
По-венгерски произносится точно так же, как по-русски.
Oroszul pontosan úgy ejtik, mint magyarul.

plasztilin (= gyurma)
пластилин (материал для лепки)
По-венгерски как по-русски, только с ударением на „плос“.
Oroszul mint magyarul csak a hangsúly a „lin"-re került.

platform (= peron; emelvény)
платформа (= перрон; возвышенная площадка)
На венгерском произносится „плотформ“ с ударением на „плот“.
Oroszul „plátformá"-nak ejtik, a „for" ékezettel.

platina (= éreny; ritka fém)
платина (редкий металл)
По-венгерски произносится точно так же, как по-русски.
Oroszul pontosan úgy ejtik, mint magyarul.

plató (= fennsík)
плато (возвышенная равнина)
По-венгерски как по-русски, только с ударением на „пло“.
Oroszul mint magyarul csak a hangsúly a „tó"-ra került.

plazma (ionizált gáz; a vér folyékony összetevője)
плазма (ионизированный газ; жидкий компонент крови)
По-венгерски произносится точно так же, как по-русски.
Oroszul pontosan úgy ejtik, mint magyarul.

pléd (vastag nagy gyapjú vagy pamut kendő-takaró)
плед (толстый большой шерстяной или хлопковый платок-одеяло)
По-венгерски произносится точно так же, как по-русски.
Oroszul pontosan úgy ejtik, mint magyarul.

plénum (teljes vezetőség ülés)
пленум (заседание правления)
По-венгерски произносится точно так же, как по-русски.
Oroszul pontosan úgy ejtik, mint magyarul.

plintosz (= lábazat)
плинтус (= галтель)
На венгерском произносится „плинтос" с ударением на „плин".
Oroszul „plintusz"-nak ejtik, a „plin" ékezettel.

pliszé (berakás tipus a ruhán)
плиссе (тип складок на одежде)
По-венгерски как по-русски, только с ударением на „пли".
Oroszul mint magyarul csak a hangsúly a „szé"-re került.

plomba (= fogtömés; ólomdarab lenyomattal, hozzáférést tiltó)
пломба (закупорка дырки в зубе; кусок свинца с отпечатком, блокирующий доступ)
По-венгерски произносится точно так же, как по-русски.
Oroszul pontosan úgy ejtik, mint magyarul.

plusz (összeadás művelet és ennek a jele: +)
плюс (операция сложения и ее знак: +)
По-венгерски произносится точно так же, как по-русски.
Oroszul pontosan úgy ejtik, mint magyarul.

plüss (szövet)

плюш (ткань)

По-венгерски произносится точно так же, как по-русски.

Oroszul pontosan úgy ejtik, mint magyarul.

pódium (= emelvény)

подиум (= пьедестал)

По-венгерски произносится точно так же, как по-русски.

Oroszul pontosan úgy ejtik, mint magyarul.

poéta (= költő)

поэт (= стихотворец)

На венгерском произносится „пойэта" с ударением на „по".

Oroszul „poet"-nek ejtik, az „et" ékezettel.

poliészter (szintetikus anyag)

полиэстер (синтетическая ткань)

По-венгерски как по-русски, только с ударением на „по".

Oroszul mint magyarul csak a hangsúly az „ész"-re került.

poliglott (= soknyelvű)

полиглот (= многоязычный)

По-венгерски как по-русски, только с ударением на „по".

Oroszul mint magyarul csak a hangsúly a „lot"-ra került.

poliklinika (orvosi rendelő intézet)

поликлиника (= диспансер)

По-венгерски как по-русски, только с ударением на „по".

Oroszul mint magyarul csak a hangsúly a „li"-re került.

politika (állami tevékenység)

политика (государственная деятельность)

По-венгерски как по-русски, только с ударением на „по".

Oroszul mint magyarul csak a hangsúly a „li"-re került.

pompa (= pumpa, szivattyú)
помпа (= насос)
По-венгерски произносится точно так же, как по-русски.
Oroszul pontosan úgy ejtik, mint magyarul.

pompon (gömb alakú díszítés fonalból)
помпон (= пипидастр)
По-венгерски как по-русски, только с ударением на „пом“.
Oroszul mint magyarul csak a hangsúly a „pon"-ra került.

ponton (= úszóhíd)
понтон (плавучий мост)
По-венгерски как по-русски, только с ударением на „пон“.
Oroszul mint magyarul csak a hangsúly a „ton"-ra került.

porció (= adag)
порция (= доза)
На венгерском произносится „порциё“ с ударением на „пор“.
Oroszul „porcijá"-nak ejtik, a „por" ékezettel.

portré (egy személy képe vagy leírása)
портрет (изображение или описание человека)
На венгерском произносится „портрэй“ с ударением на „пор“.
Oroszul „pártret"-nek ejtik, a „ret" ékezettel.

posta (= levelezés; küldeménytovábbító szolgáltatás)
почта (= корреспонденция; отделение связи)
На венгерском произносится „пошто“ с ударением на „пош“.
Oroszul „pocstá"-nak ejtik, a „po" ékezettel.

poszt (betöltött állás)
пост (занимаемая должность)
По-венгерски произносится точно так же, как по-русски.
Oroszul pontosan úgy ejtik, mint magyarul.

povedál (= jelenteni)
поведал (= поведать, сообщить)
По-венгерски как по-русски, только с ударением на „по".
Oroszul mint magyarul csak a hangsúly a „ve"-re került.

pozíció (= elhelyezkedés; póz)
позиция (= положение; поза)
На венгерском произносится „позициё" с ударением на „по".
Oroszul „pázicijá"-nak ejtik, a „zi" ékezettel.

pólus (= antipód; végpont)
полюс (= антипод; крайняя точка)
На венгерском произносится „полуш" с ударением на „по".
Oroszul „polüsz"-nak ejtik, a „po" ékezettel.

póni (alacsony házi ló)
пони (низкая домашняя лошадь)
По-венгерски произносится точно так же, как по-русски.
Oroszul pontosan úgy ejtik, mint magyarul.

póz (= testhelyzet)
поза (положение тела)
На венгерском произносится „пооз".
Oroszul „pozá"-nak ejtik, a "po" ékezettel.

praliné (édesség)
пралине (сладость)
По-венгерски произносится точно так же, как по-русски.
Oroszul pontosan úgy ejtik, mint magyarul.

precedens (példa eset)
прецедент (случай, служащий примером)
На венгерском произносится „прэцэдэнш“ с ударением на „прэ“.
Oroszul „precedyent”-nek ejtik, a „dyent” ékezettel.

prelűd (= prélude, prelúdium; előjáték)
прелюд (= прелюдия)
По-венгерски как по-русски, только с ударением на „пре“.
Oroszul mint magyarul csak a hangsúly a „lűd"-ra került.

premier (első előadás)
премьера (первый показ)
На венгерском произносится „прэмъер“ с ударением на „прэм“.
Oroszul „premyérá”-nak ejtik, a „je” ékezettel.

presztízs (a magas társadalmi pozíció kritériuma)
престиж (критерий высокого социального положения)
По-венгерски как по-русски, только с ударением на „прес“.
Oroszul mint magyarul csak a hangsúly a „tízs"-re került.

prés (= nyomósúly)
пресс (давящий груз)
На венгерском произносится „прэйш“.
Oroszul a „pryesz”-nek ejtik.

prizma (poliéder; optikai fénytörő eszköz)
призма (многогранник; оптическое устройство через которое
премоляется свет)
По-венгерски произносится точно так же, как по-русски.
Oroszul pontosan úgy ejtik, mint magyarul.

probléma (= akadály)

проблема (= препятствие)

По-венгерски как по-русски, только с ударением на „проб".

Oroszul mint magyarul csak a hangsúly a „lé"-re került.

procedúra (tevékenységi sorrend)

процедура (последовательность действий)

По-венгерски как по-русски, только с ударением на „про".

Oroszul mint magyarul csak a hangsúly a „dú"-ra került.

processzió (= díszmenet)

процессия (= шествие)

На венгерском произносится „процэссиё" с ударением на „про".

Oroszul „prácessziyá"-nak ejtik, a „ce" ékezettel.

profán (= tudatlan)

профан (= невежа)

По-венгерски как по-русски, только с ударением на „про".

Oroszul mint magyarul csak a hangsúly a „fán"-ra került.

profil (= oldalnézet; komplex domborműves termék; tevékenységi köre)

профиль (вид сбоку; изделие со сложным рельефом; сфера деятельности)

По-венгерски произносится точно так же, как по-русски.

Oroszul pontosan úgy ejtik, mint magyarul.

projekt (= terv; szándék)

проект (= план; замысел)

На венгерском произносится „пройект" с ударением на „про".

Oroszul „proekt"-nek ejtik, a „ekt" ékezettel.

propaganda (= reklámozás)
пропаганда (= реклама)
По-венгерски как по-русски, только с ударением на „про“.
Oroszul mint magyarul csak a hangsúly a „gán"-ra került.

prostitúció (nemi szolgáltatás pénzért)
проституция (сексуальные услуги за деньги)
На венгерском произносится „проштитуциё“ с ударением на „прош“.
Oroszul „prásztitucijá"-nak ejtik, a „tu" ékezettel.

protekció (= pártfogás)
протекция (= покровительство)
На венгерском произносится „протэкциё“ с ударением на „про“.
Oroszul „prátekcijá"-nak ejtik, a „tek" ékezettel.

provokáció (= uszítás)
провокация (= подстрекательство)
На венгерском произносится „провокациё“ с ударением на „про“.
Oroszul „právákácijá"-nak ejtik, a „ká" ékezettel.

provokátor (= felbujtó)
провокатор (= подстрекатель)
По-венгерски как по-русски, только с ударением на „про“.
Oroszul mint magyarul csak a hangsúly a „ká"-ra került.

próba (= vizsgálat)
проба (= проверка)
По-венгерски произносится точно так же, как по-русски.
Oroszul pontosan úgy ejtik, mint magyarul.

próza (nem költői szóbeli vagy írásbeli beszéd)
проза (не стихотворная устная или письменная речь)
По-венгерски произносится точно так же, как по-русски.
Oroszul pontosan úgy ejtik, mint magyarul.

pszichiátria (a mentális zavarok orvostudománya)
психиатрия (медицинская наука о душевных расстройствах)
По-венгерски как по-русски, только с ударением на „пси“.
Oroszul mint magyarul csak a hangsúly a „ri"-re került.

pszichológia (a mentális zavarok bölcsészettudománya)
психология (гуманитарная наука о душевных расстройствах)
По-венгерски как по-русски, только с ударением на „пси“.
Oroszul mint magyarul csak a hangsúly a „ló"-ra került.

publikáció (= közzététele)
публикация (= обнародование)
На венгерском произносится „публикациё“ с ударением на „пуб“.
Oroszul „publikácijá"-nak ejtik, a „ká" ékezettel.

puccs (= államcsíny)
путч (= переворот)
По-венгерски произносится точно так же, как по-русски.
Oroszul pontosan úgy ejtik, mint magyarul.

pud (= 16,3805 kg, orosz régi súlymérték)
пуд (= 16,3805 кг, русская старая мера веса)
По-венгерски произносится точно так же, как по-русски.
Oroszul pontosan úgy ejtik, mint magyarul.

puding (kocsonyás édes vagy húsból étel)
пудинг (желатиновая сладкая или мясная пища)
По-венгерски произносится точно так же, как по-русски.
Oroszul pontosan úgy ejtik, mint magyarul.

pudli (kutyafajta)
пудель (порода собак)
На венгерском произносится „пудли" с ударением на „пуд".
Oroszul „pudelj"-nek ejtik, a „pu" ékezettel.

puf (bútor)
пуф (мебель)
По-венгерски произносится точно так же, как по-русски.
Oroszul pontosan úgy ejtik, mint magyarul.

puffer (= ütköző)
буфер (= амортизатор)
По-венгерски произносится точно так же, как по-русски.
Oroszul pontosan úgy ejtik, mint magyarul.

puli (régi magyar kutyafajta)
пули (венгерская старинная порода собак)
По-венгерски произносится точно так же, как по-русски.
Oroszul pontosan úgy ejtik, mint magyarul.

puma (állat)
пума (животное)
По-венгерски произносится точно так же, как по-русски.
Oroszul pontosan úgy ejtik, mint magyarul.

puska (lőfegyver)
пушка (огнестрельное оружие)
По-венгерски произносится точно так же, как по-русски.
Oroszul pontosan úgy ejtik, mint magyarul.

puszta (magyar általában műveletlen, lakatlan terület)
пуста (венгерская степь)
По-венгерски произносится точно так же, как по-русски.
Oroszul pontosan úgy ejtik, mint magyarul.

púder (finom kozmetikai por)

пудра (мелкий косметический порошок)

На венгерском произносится „пудэр" с ударением на „пу".

Oroszul „pudrá"-nak ejtik, a „pud" ékezettel.

püré (áttört pépes étel)

пюре (= мятушка)

По-венгерски произносится точно так же, как по-русски.

Oroszul pontosan úgy ejtik, mint magyarul.

R

rab (= rabszolga)

раб (= крепостной)

По-венгерски произносится точно так же, как по-русски.

Oroszul pontosan úgy ejtik, mint magyarul.

radar (= rádióérzékelés)

радар (= радиообнаружение)

По-венгерски как по-русски, только с ударением на „ро“.

Oroszul mint magyarul csak a hangsúly a „dár"-ra került.

radiátor (= fűtőtest)

радиатор (= теплообменник)

По-венгерски как по-русски, только с ударением на „ро“.

Oroszul mint magyarul csak a hangsúly az „á"-ra került.

raj (egy húr, sok valaki-valami: méhek, gondolatok)

рой (вереница, множество кого-чего-нибудь: пчёл, мыслей)

По-венгерски произносится точно так же, как по-русски.

Oroszul pontosan úgy ejtik, mint magyarul.

rakéta (repülő berendezés; harci lövedék)

ракета (летательный аппарат; боевой снаряд)

По-венгерски как по-русски, только с ударением на „ро“.

Oroszul mint magyarul csak a hangsúly a „ké"-re került.

rang (katonai szó)
ранг (военное слово)
По-венгерски произносится точно так же, как по-русски.
Oroszul pontosan úgy ejtik, mint magyarul.

raport (katonai jelentés)
рапорт (военное донесение)
По-венгерски произносится точно так же, как по-русски.
Oroszul pontosan úgy ejtik, mint magyarul.

rassz (egy faj populációja)
раса (популяция одного вида)
На венгерском произносится „рас".
Oroszul „rászá"-nak ejtik, a „rá" ékezettel.

rádió (műszaki eszköz, adás)
радио (техническое устройство, трансляция)
По-венгерски произносится точно так же, как по-русски.
Oroszul pontosan úgy ejtik, mint magyarul.

rádiusz (kör közepének a szélétől való távolsága)
радиус (расстояние от центра круга до его края)
По-венгерски произносится точно так же, как по-русски.
Oroszul pontosan úgy ejtik, mint magyarul.

rák (állat; betegség)
рак (животное; болезнь)
По-венгерски произносится точно так же, как по-русски.
Oroszul pontosan úgy ejtik, mint magyarul.

ráma (= keret)
рама (= оправа)
По-венгерски произносится точно так же, как по-русски.
Oroszul pontosan úgy ejtik, mint magyarul.

reakció (= reflex; hatás)
реакция (= рефлекс, воздействие)
На венгерском произносится „рэакциё“ с ударением на „рэ“.
Oroszul „reákcijá”-nak ejtik, az „ák” ékezettel.

reaktor (= különböző reakciók alapján működő készülék)
реактор (= пережигатель)
По-венгерски как по-русски, только с ударением на „ре“.
Oroszul mint magyarul csak a hangsúly az „ák”-ra került.

recept (= módszer; gyógyszerleírás)
рецепт (= метод; предписание на лекарство)
По-венгерски как по-русски, только с ударением на „ре“.
Oroszul mint magyarul csak a hangsúly a „cept”-re került.

redaktor (= szerkesztő)
редактор (= издатель)
По-венгерски как по-русски, только с ударением на „ре“.
Oroszul mint magyarul csak a hangsúly a „dák”-ra került.

redukció (= csökkentés)
редукция (= снижение)
На венгерском произносится „рэдукцийо“ с ударением на „рэ“.
Oroszul „redukcijá”-nak ejtik, a „duk” ékezettel.

referendum (= népszavazás)
референдум (всенародный опрос)
По-венгерски как по-русски, только с ударением на „ре“.
Oroszul mint magyarul csak a hangsúly a „ren”-re került.

regatta (vitorlás vagy evezős verseny)
регата (парусная или гребная гонка)
По-венгерски как по-русски, только с ударением на „ре“.
Oroszul mint magyarul csak a hangsúly a „gá"-ra került.

regiszter (= nyilvántartás; iktató hivatal)
регистр (= реестр)
На венгерском произносится „рэгистэр“ с ударением на „рэ“.
Oroszul „rjegisztr”-nek ejtik, a „gi” ékezettel.

rehabilitáció (= visszahelyezés)
реабилитация (= восстановление)
На венгерском произносится „рэхобилитациё“ с ударением на „рэ“.
Oroszul „reábilitácijá”-nak ejtik, a „tá” ékezettel.

reklám (ötletek, áruk, szolgáltatások népszerűsítése)
реклама (продвижение идей, товаров, услуг)
На венгерском произносится „рэклам“ с ударением на „рэк“.
Oroszul „reklámá”-nak ejtik, a „lá” ékezettel.

rekord (= eredmény, siker)
рекорд (= достижение, успех)
По-венгерски как по-русски, только с ударением на „ре“.
Oroszul mint magyarul csak a hangsúly a „kord"-ra került.

rektor (felsőoktatási intézmény vezetője)
ректор (руководитель высшего учебного заведения)
По-венгерски произносится точно так же, как по-русски.
Oroszul pontosan úgy ejtik, mint magyarul.

relief (forma)
рельеф (форма)
По-венгерски как по-русски, только с ударением на „ре“.
Oroszul mint magyarul csak a hangsúly az „ef"-re került.

relikvia (= ereklye)

реликвия (= святыня)

По-венгерски как по-русски, только с ударением на „ре".

Oroszul mint magyarul csak a hangsúly a „lik"-re került.

repce (növény)

репс (растение)

На венгерском произносится „рэпцэ" с ударением на „рэп".

Oroszul a „repsz"-nek ejtik.

repertoár (előadó alkotások listája)

репертуар (список исполняемых произведений)

По-венгерски как по-русски, только с ударением на „ре".

Oroszul mint magyarul csak a hangsúly az „ár"-ra került.

replika (=másolat; csattanós válasz)

реплика (= копия; мгновенный ответ)

По-венгерски произносится точно так же, как по-русски.

Oroszul pontosan úgy ejtik, mint magyarul.

reputáció (= hírneve)

репутация (= реноме, слава человека)

На венгерском произносится „рэпутацийо" с ударением на „рэ".

Oroszul „reputácijá"-nak ejtik, a „tá" ékezettel.

respirátor (szűrő félálarc)

респиратор (фильтрующая полумаска)

На венгерском произносится „рэшпиратор" с ударением на „рэш".

Oroszul „reszpirátor"-nak ejtik, a „rá" ékezettel.

restaurátor (teremtés helyreállítója)

реставратор (восстановитель творения)

На венгерском произносится „рэштауратор“ с ударением на „рэш“.
Oroszul „resztávrátor”-nak ejtik, a „rá” ékezettel.

restitúció (= megtérítés)

реституция (= возмещение)

На венгерском произносится „рэштитуцийо“ с ударением на „рэш“.
Oroszul „resztitúcijá”-nak ejtik, a „tú” ékezettel.

reváns (= bosszú)

реванш (= месть)

По-венгерски как по-русски, только с ударением на „ре“.
Oroszul mint magyarul csak a hangsúly a „váns"-ra került.

revizor (= ellenőr)

ревизор (= проверяющий)

По-венгерски как по-русски, только с ударением на „ре“.
Oroszul mint magyarul csak a hangsúly a „zor"-ra került.

revízió (= felülvizsgálat)

ревизия (= проверка)

На венгерском произносится „рэвиизийо“ с ударением на „рэ“.
Oroszul „revizijá”-nak ejtik, a „vi” ékezettel.

revolver (pisztoly)

револьвер (пистолет)

По-венгерски как по-русски, только с ударением на „ре“.
Oroszul mint magyarul csak a hangsúly a „ver"-re került.

rezerva (= tartalék)

резерв (= запас)

На венгерском произносится „рэзэрва“ с ударением на „рэ“.
Oroszul „rezerv”-nek ejtik, a „zerv” ékezettel.

rezervoár (= tartály, gyűjtőmedence)

резервуар (= вместилище)

По-венгерски как по-русски, только с ударением на „ре“.

Oroszul mint magyarul csak a hangsúly az „ár"-ra került.

rezsim (= rutin; politikai rendszer)

режим (= распорядок; государственный строй)

По-венгерски как по-русски, только с ударением на „ре“.

Oroszul mint magyarul csak a hangsúly a „zsim"-re került.

rébusz (= rejtvény)

ребус (= головоломка)

По-венгерски произносится точно так же, как по-русски.

Oroszul pontosan úgy ejtik, mint magyarul.

répa (zöldség)

репа (овощ)

По-венгерски произносится точно так же, как по-русски.

Oroszul pontosan úgy ejtik, mint magyarul.

riporter (= tudósító)

репортёр (= корреспондент)

На венгерском произносится „рипортэр“ с ударением на „ри“.

Oroszul „repártjor"-nak ejtik, a „tjor" ékezettel.

ritka (= gyér)

редко (= нечасто)

На венгерском произносится „ритко“ с ударением на „рит“.

Oroszul „ryetká"-nak ejtik, a „ryet" ékezettel.

rizs (ázsiai gabona)
рис (азиатский злак)
На венгерском произносится „риж".
Oroszul a „risz"-nek ejtik.

-

robot (ember helyettesítő eszköz)
робот (устройство для замены человека)
По-венгерски произносится точно так же, как по-русски.
Oroszul pontosan úgy ejtik, mint magyarul.

romantika (= mesésség)
романтика (= сказочность)
По-венгерски как по-русски, только с ударением на „ро".
Oroszul mint magyarul csak a hangsúly a „mán"-ra került.

rozs (gabonaféle)
рожь (злак)
По-венгерски произносится точно так же, как по-русски.
Oroszul pontosan úgy ejtik, mint magyarul.

rózsa (növény)
роза (растение)
На венгерском произносится „роожа " с ударением на „роо".
Oroszul „rozá"-nak ejtik, a „ro" ékezettel.

röntgen (= áttetszőség; sugárzó energia)
рентген (= просвечивание; энергия излучения)
На венгерском произносится „рёнтгэн" с ударением на „рёнт".
Oroszul „ryengen"-nek ejtik, a „gen" ékezettel.

rubrika (= rovat, cikk)
рубрика (= статья, раздел)
По-венгерски произносится точно так же, как по-русски.
Oroszul pontosan úgy ejtik, mint magyarul.

S

sablon (= mintalap)

шаблон (= образец)

По-венгерски как по-русски, только с ударением на „ша".
Oroszul mint magyarul csak a hangsúly a „lon"-ra került.

sakál (állat)

шакал (животное)

По-венгерски как по-русски, только с ударением на „ша".
Oroszul mint magyarul csak a hangsúly a „kál"-ra került.

salak (pazarlás égetéstől a szilárd tüzelőanyag)

шлак (отход от сжигания твердого топлива)

На венгерском произносится „шолок" с ударением на „шо".
Oroszul a „slák"-nak ejtik.

saláta (zöldség)

салат (овощ)

На венгерском произносится „шолата" с ударением на „шо".
Oroszul „szálát"-nak ejtik, a „lá" ékezettel.

samott (tűzálló anyag)

шамот (огнеупорный материал)

По-венгерски как по-русски, только с ударением на „ша".
Oroszul mint magyarul csak a hangsúly a „mot"-ra került.

sampinyon (= csiperkegomba)

шампиньон (гриб)

По-венгерски как по-русски, только с ударением на „шам".

Oroszul mint magyarul csak a hangsúly az „on"-ra került.

sampon (folyékony szappan hajra)

шампунь (жидкое мыло для волос)

На венгерском произносится „шампон" с ударением на „шам".

Oroszul „sámpuny"-nak ejtik, a „puny" ékezettel.

sansz (= esély)

шанс (= возможность)

По-венгерски произносится точно так же, как по-русски.

Oroszul pontosan úgy ejtik, mint magyarul.

sapka (karimátlan és szorosan illeszkedő fejfedők)

шапка (одежда для головы, без полей и облегающая голову)

По-венгерски произносится точно так же, как по-русски.

Oroszul pontosan úgy ejtik, mint magyarul.

sarlatán (= csaló)

шарлатан (= обманщик)

По-венгерски как по-русски, только с ударением на „шар".

Oroszul mint magyarul csak a hangsúly a „tán"-ra került.

sál (nagy kötött vagy szövött sál)

шаль (большой вязаный или тканый платок)

По-венгерски произносится точно так же, как по-русски.

Oroszul pontosan úgy ejtik, mint magyarul.

sámán (varázsló doctor)

шаман (= колдун-знахарь)

По-венгерски как по-русски, только с ударением на „ша".

Oroszul mint magyarul csak a hangsúly a „mán"-ra került.

sátor (= sátra, sátrak, sátrát)

шатёр (= тент)

На венгерском произносится „шатор“ с ударением на „ша“.

Oroszul „sátyor”-nak ejtik, a „tyor” ékezettel.

self (sekély a tenger vagy az óceán mellett)

шельф (отмель у моря или океана)

По-венгерски произносится точно так же, как по-русски.

Oroszul pontosan úgy ejtik, mint magyarul.

selma (= selyma, gazember)

шельма (= мошенник, мошенница)

По-венгерски произносится точно так же, как по-русски.

Oroszul pontosan úgy ejtik, mint magyarul.

sisak (kemény fej és arc védősapka)

шишак (= шлем)

По-венгерски как по-русски, только с ударением на „ши“.

Oroszul mint magyarul csak a hangsúly a „sák"-ra került.

skalp (haj eltávolított bőrrel koponyáról)

скальп (волосы с кожей снятые с черепа)

На венгерском произносится „школьп“.

Oroszul a „szkáljp”-nak ejtik.

skorpió (pókféle állat)

скорпион (паукообразное животное)

На венгерском произносится „шкорпиё“ с ударением на „шкор“.

Oroszul „szkárpion”-nak ejtik, az „on” ékezettel.

sláger (divatos dal, dallam)

шлягер (модная песня, мелодия)

По-венгерски произносится точно так же, как по-русски.

Oroszul pontosan úgy ejtik, mint magyarul.

sofőr (profi közlekedési eszközt vezető)

шофёр (профессиональный водитель)

По-венгерски как по-русски, только с ударением на „шо".

Oroszul mint magyarul csak a hangsúly a „főr"-ra került.

sokk (= megrázkódtatás)

шок (= потрясение)

По-венгерски произносится точно так же, как по-русски.

Oroszul pontosan úgy ejtik, mint magyarul.

spárga (zöldség)

спаржа (овощ)

На венгерском произносится „шпарго" с ударением на „шпар".

Oroszul "szpárzsá"-nak ejtik, a „szpár" ékezettel.

spekuláció (= üzérkedés)

спекуляция (= купи-продай)

На венгерском произносится „шпэкуляциё" с ударением на „шпэ".

Oroszul „szpekuljácilyá "-nak ejtik, a „ljá" ékezettel.

spenót (zöldség)

шпинат (овощ)

На венгерском произносится „шпэноут" с ударением на „шпэ".

Oroszul „spinát"-nak ejtik, a „nát" ékezettel.

sperma (= ondó)

сперма (= эякулят)

На венгерском произносится „шпэрма" с ударением на „шпэр".

Oroszul „szpermá"-nak ejtik, a „szper" ékezettel.

spion (= kém)

шпион (= соглядатай)

По-венгерски как по-русски, только с ударением на „шпи“.
Oroszul mint magyarul csak a hangsúly az „on"-ra került.

sport (fizikai kultúra)

спорт (физическая культура)

На венгерском произносится „шпорт“..
Oroszul a „szport"-nak ejtik.

sprotni (konzerv kis füstölt halból)

шпроты (консервы из копчёной мелкой рыбы)

На венгерском произносится „шпротни“ с ударением на „о“.
Oroszul „sprotij"-nak ejtik, az „spro" ékezettel.

srapnel (katonai szó)

шрапнель (военное слово)

На венгерском произносится „шропнэл“ с ударением на „шроп“.
Oroszul „srápnyelj"-nek ejtik, a „nyelj" ékezettel.

stadion (sportpálya nézők ülésekkel)

стадион (спортивная площадка с местами для зрителей)

На венгерском произносится „штодион“ с ударением на „то“.
Oroszul „sztádyion"-nak ejtik, az „on" ékezettel.

standard (= színvonal)

стандарт (= норма)

На венгерском произносится „штандорд“ с ударением на „штан“.
Oroszul „sztándárt"-nak ejtik, a „dárt" ékezettel.

statisztika (digitális elemzése a tényállásról)
статистика (цифровой анализ состояния дел)
На венгерском произносится „штатистико" с ударением на „шта".
Oroszul „sztátisztiká"-nak ejtik, a „tisz" ékezettel.

statív (= állvány)
штатив (= стойка)
По-венгерски как по-русски, только с ударением на „шта".
Oroszul mint magyarul csak a hangsúly a „tív"-re került.

stáb (= személyzet)
штаб (= персонал)
По-венгерски произносится точно так же, как по-русски.
Oroszul pontosan úgy ejtik, mint magyarul.

stáció (= állomás)
станция (= остановка)
На венгерском произносится „штацië" с ударением на „шта".
Oroszul „sztáncijá"-nak ejtik, a „sztán" ékezettel.

státus (társadalmi rang)
статус (= авторитет)
На венгерском произносится „штатуш" с ударением на „шта".
Oroszul „sztátusz"-nak ejtik, a „sztá" ékezettel.

stelázsi (polcos állvány)
стеллаж (полки в несколько ярусов)
На венгерском произносится „штэлажи" с ударением на „штэ".
Oroszul „sztyelázs"-nak ejtik, a „lázs" ékezettel.

steward (= hajókon és repülőgépeken szolgáló utaskísérő)
стюард (обслуживающий на на водных и воздушных судах)
По-венгерски произносится точно так же, как по-русски.
Oroszul pontosan úgy ejtik, mint magyarul.

stigma (testi jel)

стигма (клеймо на теле)

На венгерском произносится „штигма“ с ударением на „и“.
Oroszul „sztigmá”-nak ejtik, a „tig” ékezettel.

stilét (hegyes tőr, "hideg" fegyver)

стилет (остроконечный кинжал, холодное оружие)

На венгерском произносится „штылэйт“ с ударением на „шты“.
Oroszul „sztiljet”-nek ejtik, a „ljet” ékezettel.

stimuláció (= ösztönzés)

стимуляция (= активизация)

На венгерском произносится „штимуляциё“ с ударением на „шти“.
Oroszul „sztimuljácijá”-nak ejtik, a „ljá” ékezettel.

stratégia (általános terv a cél eléréséhez)

стратегия (общий план для достижения цели)

На венгерском произносится „штратэгия“ с ударением на „штра“.
Oroszul „sztrátyégijá”-nak ejtik, a „tyé” ékezettel.

strázsa (= istrázsa, őr)

стража (= сторож)

На венгерском произносится „штража“ с ударением на „штра“.
Oroszul „sztrázsá”-nak ejtik, a „rá” ékezettel.

struktúra (részekből álló szerkezet vagy mód)

структура (состоящая из частей конструкция или способ)

На венгерском произносится „штруктуура“ с ударением на „рук“.
Oroszul „sztrukturá”-nak ejtik, a „tu” ékezettel.

stúdió (= műhely; lakástípus)

студия (= мастерская; тип кватриры)

На венгерском произносится „штудийо" с ударением на „шту".

Oroszul „sztudijá"-nak ejtik, a „sztu" ékezettel.

suba (hosszú bunda)

шуба (длинное меховое пальто)

По-венгерски произносится точно так же, как по-русски.

Oroszul pontosan úgy ejtik, mint magyarul.

summa (= összeg; összeadás eredménye)

сумма (результат сложения)

По-венгерски произносится точно так же, как по-русски.

Oroszul pontosan úgy ejtik, mint magyarul.

Sz

szablya (ívelt pengéjű kard)

сабля (меч с изогнутым лезвием)

На венгерском произносится „сабъя“ с ударением на „са“.
Oroszul „szábljá”-nak ejtik, a „ljá” ékezettel.

szabotőr (= diverzáns)

саботёр (= диверсант)

По-венгерски как по-русски, только с ударением на „са“.
Oroszul mint magyarul csak a hangsúly a „tőr”-re került.

szacharin (mesterséges édesítő)

сахарин (искусственный подсластитель)

По-венгерски как по-русски, только с ударением на „са“.
Oroszul mint magyarul csak a hangsúly a „rin"-re került.

szadista (kegyetlen az öröm kedvéért)

садист (= живодер)

На венгерском произносится „садишта“ с ударением на „са“.
Oroszul „szádyiszt”-nek ejtik, a „dyiszt” ékezettel.

szalámi (kemény füstölt, szárított kolbász)

салями (колбаса твердокопченая, вяленая)

На венгерском произносится „солами“ с ударением на „со“.
Oroszul „száljámi”-nak ejtik, a „ljá” ékezettel.

szaldó (= egyenleg)

сальдо (= баланс)

По-венгерски произносится точно так же, как по-русски.

Oroszul pontosan úgy ejtik, mint magyarul.

szalma (a cséplés után megmaradt száraz gabonaszárak)

солома (сухие стебли злаковых, оставшиеся после обмолота)

На венгерском произносится „сольмо" с ударением на „со".

Oroszul „szálomá"-nak ejtik, a „lo" ékezettel.

szalon (= bemutatóterem; jármű belső)

салон (выставочный зал; интерьер транспортного средства)

По-венгерски как по-русски, только с ударением на „са".

Oroszul mint magyarul csak a hangsúly a „lon"-ra került.

szalvéta (= törlő; asztaldísz)

салфетка (= вытиралка; декорация для стола)

На венгерском произносится „сольвейта" с ударением на „соль".

Oroszul „szálfetka"-nak ejtik, a „fet" ékezettel.

szamorodni, szomorodni (= természetes; például Tokaj bor)

самородный (= природный; например Токайское вино)

По-венгерски как по-русски, только с ударением на „са".

Oroszul mint magyarul csak a hangsúly a „rod"-ra került.

szamovár (teafőző fajta)

самовар (разновидность чайника)

По-венгерски как по-русски, только с ударением на „са".

Oroszul mint magyarul csak a hangsúly a „vár"-ra került.

szanatórium (= gyógyüdülő)

санаторий (= здравница)

На венгерском произносится „санатоуриум" с ударением на „са".

Oroszul „szánátorij"-nak ejtik, a „to" ékezettel.

szankció (= szentesítés)

санкция (= запрещение)

На венгерском произносится „санкцийо“ с ударением на „сан“.
Oroszul „szánkcijá”-nak ejtik, a „szán” ékezettel.

szardínia (halfajta)

сардина (вид рыбы)

На венгерском произносится „сординийо“ с ударением на „сор“.
Oroszul „szárdyiná”-nak ejtik, a „dyi” ékezettel.

szarka (madár)

сорока (птица)

На венгерском произносится „сорко“ с ударением на „сор“.
Oroszul „szároká”-nak ejtik, a „ro” ékezettel.

szatén (atlasz szövet)

сатин (ткань атлас)

На венгерском произносится „сатэйн“ с ударением на „са“.
Oroszul „szátyin”-nek ejtik, a „tyin” ékezettel.

szauna (finn izzasztó szoba forró száraz levegővel)

сауна (финская парилка с горячим сухим воздухом)

По-венгерски произносится точно так же, как по-русски.
Oroszul pontosan úgy ejtik, mint magyarul.

szaxofon (fúvós hangszer)

саксофон (духовой музыкальный инструмент)

По-венгерски как по-русски, только с ударением на „сак“.
Oroszul mint magyarul csak a hangsúly a „fon"-ra került.

szánkó (= ródli, szán)
санки (= возилы, салазки)
На венгерском произносится „санкоу“ с ударением на „сан“.
Oroszul „szánki”-nek ejtik, a „szán” ékezettel.

szeánsz (elvégzés megszakítás nélkül)
сеанс (выполнение без перерыва)
По-венгерски как по-русски, только с ударением на „се“.
Oroszul mint magyarul csak a hangsúly az „ánsz"-ra került.

szecska (szalmavágó állatoknak)
сечка (соломенная резка для скота)
По-венгерски произносится точно так же, как по-русски.
Oroszul pontosan úgy ejtik, mint magyarul.

szekció (= szakosztály)
секция (= отделение)
На венгерском произносится „сэкциоу“ с ударением на „сэк“.
Oroszul „szyekcijá”-nak ejtik, a „szyek” ékezettel.

szekreter (bútor)
секретер (мебель)
По-венгерски как по-русски, только с ударением на „сек“.
Oroszul mint magyarul csak a hangsúly a „ter"-re került.

szekta (zárt vallási közösség)
секта (закрытая религиозная община)
По-венгерски произносится точно так же, как по-русски.
Oroszul pontosan úgy ejtik, mint magyarul.

szektor (egy kör része; osztály)
сектор (часть круга; отдел)
По-венгерски произносится точно так же, как по-русски.
Oroszul pontosan úgy ejtik, mint magyarul.

szelekció (állatok, növények kiválasztása a legjobb fajta létrehozásához)
селекция (отбор животных, растений для создания лучшей породы)
На венгерском произносится „сэлэкциё" с ударением на „сэ".
Oroszul „szyeljekcijá"-nak ejtik, a „ljek" ékezettel.

szemafor (közlekedési lámpa)
семафор (= сигнализатор)
По-венгерски как по-русски, только с ударением на „се".
Oroszul mint magyarul csak a hangsúly a „for"-ra került.

szemeszter (tanév fele)
семестр (половина учебного года)
На венгерском произносится „сэмэстэр" с ударением на „сэ".
Oroszul „szyemyesztr"-nek ejtik, a „myesztr" ékezettel.

szenzáció (feltűnést keltő esemény)
сенсация (= шумиха)
На венгерском произносится „сэнзациоу" с ударением на „сэ".
Oroszul „szenszácijá"-nak ejtik, a „szá" ékezettel.

szeparátor (= leválasztó)
сепаратор (= разделитель)
По-венгерски как по-русски, только с ударением на „се".
Oroszul mint magyarul csak a hangsúly a „rá"-ra került.

szerda (a hét napja)
среда (день недели)
На венгерском произносится„ сэрдо" с ударением на „сэр".
Oroszul „szredá"-nak ejtik, a „dá" ékezettel.

szerviz (= szolgáltatás)
сервиз (= услуга)
По-венгерски произносится точно так же, как по-русски.
Oroszul pontosan úgy ejtik, mint magyarul.

szex (nemi aktus)
секс (половой акт)
По-венгерски произносится точно так же, как по-русски.
Oroszul pontosan úgy ejtik, mint magyarul.

szezon (= évszak)
сезон (время года)
По-венгерски как по-русски, только с ударением на „се".
Oroszul mint magyarul csak a hangsúly a „zon"-ra került.

széf (= páncélszekrény)
сейф (бронированный шкаф)
По-венгерски произносится точно так же, как по-русски.
Oroszul pontosan úgy ejtik, mint magyarul.

széna (lekaszált száraz fű)
сено (скошенная сухая трава)
По-венгерски произносится точно так же, как по-русски.
Oroszul pontosan úgy ejtik, mint magyarul.

szféra (labda felület; tevékenységi terület)
сфера (поверхность шара; пределы деятельности)
По-венгерски произносится точно так же, как по-русски.
Oroszul pontosan úgy ejtik, mint magyarul.

széria (= sorozat)
серия (последовательный ряд)
По-венгерски произносится точно так же, как по-русски.
Oroszul pontosan úgy ejtik, mint magyarul.

szieszta (délutáni pihenő)

сиеста (полуденный отдых)

По-венгерски как по-русски, только с ударением на „си".

Oroszul mint magyarul csak a hangsúly az „e"-re került.

szifilisz (nemi betegség)

сифилис (венерическое заболевание)

По-венгерски произносится точно так же, как по-русски.

Oroszul pontosan úgy ejtik, mint magyarul.

szifon (= bűzelzáró; szódásüveg)

сифон (= водовод; бутыль для газировки)

По-венгерски как по-русски, только с ударением на „си".

Oroszul mint magyarul csak a hangsúly a „fon"-ra került.

szikla (kő hegy)

скала (каменная гора)

На венгерском произносится „сикла" с ударением на „сик".

Oroszul „szkálá"-nak ejtik, a „lá" ékezettel.

szikra (= sziporka)

искра (= огонёк)

На венгерском произносится „сикра" с ударением на „сик".

Oroszul „iszkrá"-nak ejtik, a „rá" ékezettel.

sziluett (= árnyékrajz)

силуэт (очертание тени)

По-венгерски как по-русски, только с ударением на „си".

Oroszul mint magyarul csak a hangsúly az „et"-re került.

szilva (növény)

слива (растение)

На венгерском произносится „сильва“ с ударением на „силь“.
Oroszul „szlivá”-nak ejtik, a „li” ékezettel.

szimmetria (= arányosság)

симметрия (= пропорциональность)

По-венгерски как по-русски, только с ударением на „си“.
Oroszul mint magyarul csak a hangsúly a „ri"-re került.

szimpátia (együttérző helyeslés)

симпатия (чувство расположения)

По-венгерски как по-русски, только с ударением на „сим“.
Oroszul mint magyarul csak a hangsúly a „pá"-ra került.

szimptóma (= tünet)

симптом (= признак)

На венгерском произносится „симптоума“ с ударением на „симп“.
Oroszul „szimptom”-nak ejtik, a „tom” ékezettel.

szimuláns (= tettető)

симулянт (= притворщик)

На венгерском произносится „симулянш“ с ударением на „си“.
Oroszul „szimuljánt”-nak ejtik, a „ljánt” ékezettel.

szinkrón (= egyidejű)

синхрон (= одновременность)

На венгерском произносится „синкроун“ с ударением на „синк“.
Oroszul „szihron”-nak ejtik, a „ron” ékezettel.

szinonima (rokon szó)

синоним (родственное слово)

На венгерском произносится „синонимо“ с ударением на „си“.
Oroszul „szinonyim”-nek ejtik, a „no” ékezettel.

sziréna (hangos jelzés)

сирена (громкий сигнал)

По-венгерски произносится точно так же, как по-русски.
Oroszul pontosan úgy ejtik, mint magyarul.

szirup (= szörp)

сироп (сладкая густая жидкость)

На венгерском произносится „сируп" с ударением на „си".
Oroszul „szirop"-nak ejtik, a „rop" ékezettel.

szisztéma (= rendszer)

система (= порядок)

По-венгерски как по-русски, только с ударением на „сис".
Oroszul mint magyarul csak a hangsúly a „té"-re került.

szita (szitáláshoz eszkoz)

сито (устройство для просеивания)

По-венгерски произносится точно так же, как по-русски.
Oroszul pontosan úgy ejtik, mint magyarul.

szituáció (= helyzet)

ситуация (совокупность обстоятельств)

На венгерском произносится „ситуациё" с ударением на „си".
Oroszul „szituácijá"-nak ejtik, az elsőn „á" ékezettel.

szkéma (szóbeli, rajzbeli terv)

схема (словесный, чертежный план)

На венгерском произносится „скэйма" с ударением на „скэй".
Oroszul „szhemá"-nak ejtik, a „szhe" ékezettel.

szmoking (férfi este fekete vagy sötétkék öltöny)
смокинг (мужской вечерний черный или темно-синий костюм)
По-венгерски произносится точно так же, как по-русски.
Oroszul pontosan úgy ejtik, mint magyarul.

sznob (úrit játszó)
сноб (= позёр, пижон)
По-венгерски произносится точно так же, как по-русски.
Oroszul pontosan úgy ejtik, mint magyarul.

szomszéd (= felebarát)
сосед (= сябер)
На венгерском произносится „сомсэйд" с ударением на „сом".
Oroszul „szászyed"-nek ejtik, a „szyed" ékezettel.

szortiment (= választék)
сортимент (= ассортимент)
По-венгерски как по-русски, только с ударением на „сор".
Oroszul mint magyarul csak a hangsúly a „ment"-re került.

szóda (kémia: fehér por)
сода (химия: белый порошок)
По-венгерски произносится точно так же, как по-русски.
Oroszul pontosan úgy ejtik, mint magyarul.

szófa (bútor)
софа (мебель)
По-венгерски произносится точно так же, как по-русски.
Oroszul pontosan úgy ejtik, mint magyarul.

szója (babfajta)
соя (тип фасоли)
По-венгерски произносится точно так же, как по-русски.
Oroszul pontosan úgy ejtik, mint magyarul.

szóló (önállóan)

соло (в одиночку)

По-венгерски произносится точно так же, как по-русски.
Oroszul pontosan úgy ejtik, mint magyarul.

szósz (= szaft)

соус (= подливка)

По-венгерски произносится точно так же, как по-русски.
Oroszul pontosan úgy ejtik, mint magyarul.

szputnyik (égi test)

спутник (небесное тело)

По-венгерски произносится точно так же, как по-русски.
Oroszul pontosan úgy ejtik, mint magyarul.

sztalagmit (= állócseppkő)

сталагмит (стоячая каменная сосулька)

По-венгерски как по-русски, только с ударением на „ста“.
Oroszul mint magyarul csak a hangsúly a „mit"-re került.

sztalaktit (= függőcseppkő)

сталактит (висячая каменная сосулька)

По-венгерски как по-русски, только с ударением на „ста“.
Oroszul mint magyarul csak a hangsúly a „tit"-re került.

sztornó (= hatálytalanítás)

сторно (= отменена)

По-венгерски произносится точно так же, как по-русски.
Oroszul pontosan úgy ejtik, mint magyarul.

sztyep, sztyepp, steppe, sztyeppe (füves síkság fák nélkül)
степь (травянистая равнина без деревьев)
По-венгерски произносится точно так же, как по-русски.
Oroszul pontosan úgy ejtik, mint magyarul.

szubordináció (= alárendelés)
субординация (= подчинение)
На венгерском произносится „субординацие“ с ударением на „су“.
Oroszul „szubárdinácijá”-nak ejtik, a „ná” ékezettel.

szuka (= kurva)
сука (= стерва)
По-венгерски произносится точно так же, как по-русски.
Oroszul pontosan úgy ejtik, mint magyarul.

szvasztika (pók kereszt)
свастика (паучий крест)
По-венгерски произносится точно так же, как по-русски.
Oroszul pontosan úgy ejtik, mint magyarul.

szvetter (= pulóver)
свитер (= пуловер)
На венгерском произносится „свэттэр“ с ударением на „свэт“.
Oroszul „szviter”-nek ejtik, a „szvi” ékezettel.

Т

tabletta (kis gyógyszer korong)

таблетка (маленькая шайба лекарства)

На венгерском произносится „тоблэтта" с ударением на „тоб".

Oroszul „tábljetká"-nak ejtik, a „ljet" ékezettel.

tabló (pajzs az információért)

табло (щит для информации)

По-венгерски как по-русски, только с ударением на „таб".

Oroszul mint magyarul csak a hangsúly a „ló"-ra került.

tabu (= tilalom)

табу (= запрет)

По-венгерски как по-русски, только с ударением на „та".

Oroszul mint magyarul csak a hangsúly a „bu"-ra került.

taburett (támlátlan szék)

табурет (= табуретка)

По-венгерски как по-русски, только с ударением на „та".

Oroszul mint magyarul csak a hangsúly a „ret"-re került.

tajga (északi természetes zóna tűlevelű erdőkkel)

тайга (северная природная зона с хвойными лесами)

По-венгерски как по-русски, только с ударением на „тай".

Oroszul mint magyarul csak a hangsúly a „ga"-ra került.

takács (= textilmunkás)
ткач (= текстильщик)
На венгерском произносится „токач“ с ударением на „то“.
Oroszul a „tkács”-nak ejtik.

taksa (a díja)
такса (расценка)
На венгерском произносится „такша“ с ударением на „так“.
Oroszul „tákszá”-nak ejtik, a „ták ” ékezettel.

taktika (intézkedések a terv befejezéséhez)
тактика (действия для выполнения плана)
По-венгерски произносится точно так же, как по-русски.
Oroszul pontosan úgy ejtik, mint magyarul.

talicska (kézi tolóka egy keréken)
тачка (ручная тележка на одном колесе)
На венгерском произносится „таличка“ с ударением на „та“.
Oroszul „tácská”-nak ejtik, a „tács” ékezettel.

taliga (= szekér)
телега (четырёхколёсная низкая повозка)
На венгерском произносится „толига“ с ударением на „то“.
Oroszul „tyeljega”-nak ejtik, a „lje” ékezettel.

talizmán (varázslatos tárgy a védelemért és a boldogságért)
талисман (магический предмет для защиты и счастья)
По-венгерски как по-русски, только с ударением на „та“.
Oroszul mint magyarul csak a hangsúly a „mán"-ra került.

talon (= jegy, kupon)
талон (= билет, купон)
По-венгерски как по-русски, только с ударением на „та“.
Oroszul mint magyarul csak a hangsúly a „lon"-ra került.

tampon (nedvszívó dugó)
тампон (впитывающая затычка)
По-венгерски как по-русски, только с ударением на „там".
Oroszul mint magyarul csak a hangsúly a „pon"-ra került.

tangó (tánc)
танго (танец)
По-венгерски произносится точно так же, как по-русски.
Oroszul pontosan úgy ejtik, mint magyarul.

tank (páncélozott harcjármű)
танк (бронированная боевая машина)
По-венгерски произносится точно так же, как по-русски.
Oroszul pontosan úgy ejtik, mint magyarul.

tarifa (= díj)
тариф (= такса)
На венгерском произносится „тарифо" с ударением на „та".
Oroszul „tárif"-nak ejtik, a „rif" ékezettel.

taverna (= kocsma)
таверна (= корчма)
По-венгерски как по-русски, только с ударением на „та".
Oroszul mint magyarul csak a hangsúly a „ver"-re került.

taxaméter (= díjmutató)
таксометр (= счетчик)
По-венгерски как по-русски, только с ударением на „ток".
Oroszul mint magyarul csak a hangsúly a „xa"-ra került.

taxi (bér személyautó sofőrrel)
такси (= извозчик)
По-венгерски как по-русски, только с ударением на „ток".
Oroszul mint magyarul csak a hangsúly a „xi"-re került.

tábor (= bivak)
табор (= лагерь)
По-венгерски произносится точно так же, как по-русски.
Oroszul pontosan úgy ejtik, mint magyarul.

tájfun (= vihar)
тайфун (= ураган)
По-венгерски как по-русски, только с ударением на „тай".
Oroszul mint magyarul csak a hangsúly a „fun"-ra került.

tánc (a test ritmusra mozgatása)
танец (движение тела в ритме)
На венгерском произносится „танц".
Oroszul „tányec"-nek ejtik, a „tá" ékezettel.

tára (= csomagolóanyag)
тара (материал для упаковки)
По-венгерски произносится точно так же, как по-русски.
Oroszul pontosan úgy ejtik, mint magyarul.

tárogató (magyar népi fúvós hangszer)
тарогото (венгерский народный духовой инструмент)
По-венгерски произносится точно так же, как по-русски.
Oroszul pontosan úgy ejtik, mint magyarul.

technika (mechanizmusok; készség)
техника (механизмы; навык)
По-венгерски произносится точно так же, как по-русски.
Oroszul pontosan úgy ejtik, mint magyarul.

technikum (műszaki iskola)

техникум (среднее профессиональное образование)

По-венгерски произносится точно так же, как по-русски.

Oroszul pontosan úgy ejtik, mint magyarul.

telefon (távbeszélő eszköz)

телефон (устройство для разговора на дистанции)

По-венгерски как по-русски, только с ударением на „те“.

Oroszul mint magyarul csak a hangsúly a „fon"-ra került.

tempera (vízbázisú festék csirke tojással és por pigmenttel)

темпера (водяная краска с куриным яйцом и порошковым пигментом)

По-венгерски произносится точно так же, как по-русски.

Oroszul pontosan úgy ejtik, mint magyarul.

temperatúra (= hőfok)

температура (степень теплоты)

По-венгерски как по-русски, только с ударением на „тем“.

Oroszul mint magyarul csak a hangsúly a „tú"-ra került.

tendencia (= hajlam)

тенденция (= склонность)

По-венгерски как по-русски, только с ударением на „тен“.

Oroszul mint magyarul csak a hangsúly a „den"-re került.

tenisz (sport)

теннис (спорт)

По-венгерски произносится точно так же, как по-русски.

Oroszul pontosan úgy ejtik, mint magyarul.

teória (józan doktrína)
теория (обоснованное учение)
По-венгерски как по-русски, только с ударением на „те“.
Oroszul mint magyarul csak a hangsúly az „ó"-ra került.

terasz (kikövezett terület háznál)
терраса (мощеная площадка у дома)
На венгерском произносится „тэрас“ с ударением на „тэ“.
Oroszul „tyerásszá"-nak ejtik, a „rá" ékezettel.

terápia (= kezelés)
терапия (= лечение)
По-венгерски как по-русски, только с ударением на „те“.
Oroszul mint magyarul csak a hangsúly a „pi"-re került.

termométer (= hőmérő)
термометр (= градусник)
По-венгерски как по-русски, только с ударением на „тер“.
Oroszul mint magyarul csak a hangsúly a „mo"-ra került.

-
termosz (hőszigetelő edény)
термос (теплоизоляционная посуда)
По-венгерски произносится точно так же, как по-русски.
Oroszul pontosan úgy ejtik, mint magyarul.

termosztát (hőmérsékletet szabályzó műszer)
термостат (прибор для контроля температуры)
По-венгерски как по-русски, только с ударением на „тер“.
Oroszul mint magyarul csak a hangsúly a „tát"-ra került.

terror (megfélemlítés erőszakkal)
террор (= запугивание с применением силы)
По-венгерски как по-русски, только с ударением на „тер“.
Oroszul mint magyarul csak a hangsúly a „ror"-ra került.

teszt (= vizsgálat)

тест (= проверка)

По-венгерски произносится точно так же, как по-русски.

Oroszul pontosan úgy ejtik, mint magyarul.

textil (= szövet)

текстиль (= материя)

На венгерском произносится „тэкстыл“ с ударением на „тэкс“.

Oroszul „tyeksztilj”-nek ejtik, a „ti” ékezettel.

téma (= tárgykör)

тема (= лейтмотив)

По-венгерски произносится точно так же, как по-русски.

Oroszul pontosan úgy ejtik, mint magyarul.

tészta (liszt tömege folyadékon)

тесто (масса из муки на жидкости)

По-венгерски произносится точно так же, как по-русски.

Oroszul pontosan úgy ejtik, mint magyarul.

tézis (tudományos összefoglalás)

тезис (научное краткое содержание)

На венгерском произносится „тезиш“ с ударением на „те“.

Oroszul „tézisz”-nek ejtik, a „té” ékezettel.

tik-tak (óra ketyegése)

тик-так (тиканье часов)

По-венгерски произносится точно так же, как по-русски.

Oroszul pontosan úgy ejtik, mint magyarul.

tiráda (= szóáradat)
тирада (поток слов)
По-венгерски как по-русски, только с ударением на „ти“.
Oroszul mint magyarul csak a hangsúly a „rá"-ra került.

toalett (= ruházat)
туалет (= одежда)
По-венгерски как по-русски, только с ударением на „ту“.
Oroszul mint magyarul csak a hangsúly a „let"-re került.

tonna (= 1000 kilogramm)
тонна (= 1000 килограмм)
По-венгерски произносится точно так же, как по-русски.
Oroszul pontosan úgy ejtik, mint magyarul.

tornádó (forgószél a föld (nem viz) felett)
торнадо (вихрь над сушей)
По-венгерски как по-русски, только с ударением на „тор“.
Oroszul mint magyarul csak a hangsúly a „ná"-ra került.

torpedó (víz alatti robbanólövedék)
торпеда (подводный взрывчатый снаряд)
По-венгерски как по-русски, только с ударением на „тор“.
Oroszul mint magyarul csak a hangsúly a „pe"-re került.

torta (édes pite)
торт (сладкий пирог)
На венгерском произносится „торта“ с ударением на „тор“.
Oroszul a „tort"-nak ejtik.

tószt (= pohárköszöntő)
тост (застольная речь)
По-венгерски произносится точно так же, как по-русски.
Oroszul pontosan úgy ejtik, mint magyarul.

tradíció (= hagyomány)
традиция (= обычай)
На венгерском произносится „тродииąоу“ с ударением на „тро“.
Oroszul „trádyicijá”-nak ejtik, a „dyi” ékezettel.

tragédia (= katasztrófa; drámai műfaj)
трагедия (= бедствие; drámai műfaj)
По-венгерски как по-русски, только с ударением на „тро“.
Oroszul mint magyarul csak a hangsúly a „gé"-re került.

traktor (mezőgazdasági gép)
трактор (сельскохозяйственная машина)
По-венгерски произносится точно так же, как по-русски.
Oroszul pontosan úgy ejtik, mint magyarul.

transz (zavar, elhomályosodás öntudat)
транс (помрачение сознания)
По-венгерски произносится точно так же, как по-русски.
Oroszul pontosan úgy ejtik, mint magyarul.

transzformátor (feszültség átalakító)
трансформатор (преобразователь напряжения тока)
По-венгерски как по-русски, только с ударением на „трон“.
Oroszul mint magyarul csak a hangsúly a „má"-ra került.

transzport (kommunikációs és közlekedési eszközök)
транспорт (пути сообщения и средства передвижения)
По-венгерски произносится точно так же, как по-русски.
Oroszul pontosan úgy ejtik, mint magyarul.

tranzit (= átmenő) -
транзит (промежуточный пункт)
По-венгерски как по-русски, только с ударением на „трон".
Oroszul mint magyarul csak a hangsúly a „zit"-re került.

trauma (= seb) -
травма (= рана)
По-венгерски произносится точно так же, как по-русски.
Oroszul pontosan úgy ejtik, mint magyarul.

tréner (= edző)
тренер (= инструктор)
По-венгерски произносится точно так же, как по-русски.
Oroszul pontosan úgy ejtik, mint magyarul.

tribun, tribün (emelés az előadónak, nézőknek) -
трибуна (возвышение для оратора, зрителей)
На венгерском произносится „трибун" с ударением на „три".
Oroszul „tribuná"-nak ejtik, a „bu" ékezettel.

trió (= hármasan)
трио (= втроём)
По-венгерски произносится точно так же, как по-русски.
Oroszul pontosan úgy ejtik, mint magyarul.

trófea (= zsákmány; lelfoglalt ellenség tulajdona)
трофей (= добыча; захвачнное имущество противника)
На венгерском произносится „трофэо" с ударением на „тро".
Oroszul „tráfej"-nek ejtik, a „fej" ékezettel.

trón (= trónus)
трон (= престол)
По-венгерски произносится точно так же, как по-русски.
Oroszul pontosan úgy ejtik, mint magyarul.

trupp (kreatív csapat)
труппа (творческий коллектив)
На венгерском произносится „труп".
Oroszul „truppá"-nak ejtik, a „trup" ékezettel.

trükk (= fortély)
трюк (= уловка)
По-венгерски произносится точно так же, как по-русски.
Oroszul pontosan úgy ejtik, mint magyarul.

tuja (örökzöld fanövény)
туя (вечнозеленое дерево)
По-венгерски произносится точно так же, как по-русски.
Oroszul pontosan úgy ejtik, mint magyarul.

tulipán (növény)
тюльпан (растение)
На венгерском произносится „тулипан" с ударением на „ту".
Oroszul „tyuljpán"-nak ejtik, a „pán" ékezettel.

tundra (északi fátlan zóna)
тундра (северная безлесая зона)
По-венгерски произносится точно так же, как по-русски.
Oroszul pontosan úgy ejtik, mint magyarul.

tunika (ruhatípus)
туника (вид одежды)
По-венгерски как по-русски, только с ударением на „ту".
Oroszul mint magyarul csak a hangsúly a „ni"-re került.

turbina (víz, gáz, gőz forgó tengely motor áramtermeléshez)
турбина (двигатель: водой , газом, паром, вращающий вал для производства энергии)
По-венгерски как по-русски, только с ударением на „тур“.
Oroszul mint magyarul csak a hangsúly a „bi"-re került.

turfa (= tőzeg; növények és állatok lebomlott maradványai)
торф (перегнившие остатки растений и животных)
На венгерском произносится „тёрфа“ с ударением на „тёр“.
Oroszul a „torf"-nak ejtik.

turista (aki szórakozásból utazik)
турист (кто путешествует ради удовольствия)
На венгерском произносится „туришта“ с ударением на „ту“.
Oroszul „turiszt"-nek ejtik, a „riszt" ékezettel.

turné (= turnézó; körutazás)
турне (= гастроли; круиз)
По-венгерски как по-русски, только с ударением на „тур“.
Oroszul mint magyarul csak a hangsúly a „né"-re került.

tus (= zuhany)
душ (рассекатель воды на струи)
На венгерском произносится „туш“.
Oroszul a „dus"-nak ejtik.

túra (= körutazás)
тур (туристическая поездка)
На венгерском произносится „туура“ с ударением на „туу“.
Oroszul a „tur"-nak ejtik.

tüll (vékony fátyolszerű anyag)

тюль (лёгкая прозрачная ткань)

По-венгерски произносится точно так же, как по-русски.

Oroszul pontosan úgy ejtik, mint magyarul.

U

ukáz (szigorú parancs)
указ (строгая команда)
По-венгерски как по-русски, только с ударением на „у".
Oroszul mint magyarul csak a hangsúly az „áz"-ra került.

Ukrajna (ország)
Украина (страна)
По-венгерски как по-русски, только с ударением на „Ук".
Oroszul mint magyarul csak a hangsúly az „i(j)"-re került.

ultimátum (felszólítás határidőhöz kötött követelés)
ультиматум (требование с ограничением времени)
По-венгерски как по-русски, только с ударением на „уль".
Oroszul mint magyarul csak a hangsúly a „má"-ra került.

urán (radioaktív fém)
уран (радиоактивный металл)
По-венгерски как по-русски, только с ударением на „у".
Oroszul mint magyarul csak a hangsúly az „án"-ra került.

urina (= vizelet)
урина (= моча)
По-венгерски как по-русски, только с ударением на „у".
Oroszul mint magyarul csak a hangsúly a „ri"-re került.

urna (kisebb méretű tartó)

урна (небольшая ёмкость)

По-венгерски произносится точно так же, как по-русски.

Oroszul pontosan úgy ejtik, mint magyarul.

Ü

ühüm (= igen; értem)

угу (= да, понимаю)

На венгерском произносится „йёхюм" с ударением на „йё".

Oroszul „uhu"-nak ejtik, a „hu" ékezettel.

V

vagon (nem önjáró vasúti kocsi)

вагон (несамоходный железнодорожный транспорт)

По-венгерски как по-русски, только с ударением на „ва".

Oroszul mint magyarul csak a hangsúly a „gon"-ra került.

vakcina (= védőoltás)

вакцина (= прививка)

По-венгерски как по-русски, только с ударением на „вак".

Oroszul mint magyarul csak a hangsúly a „ci"-re került.

valeriána (= macskagyökér)

валериана (= кошачья трава - лекарственное растение)

По-венгерски как по-русски, только с ударением на „во".

Oroszul mint magyarul csak a hangsúly az „á"-ra került.

valuta (= pénznem)

валюта (денежная единица страны)

По-венгерски как по-русски, только с ударением на „во".

Oroszul mint magyarul csak a hangsúly a „lu"-ra került.

vandál (aki szándékosan pusztít dolgokat)

вандал (тот, кто намеренно разрушает вещи)

По-венгерски как по-русски, только с ударением на „вон".

Oroszul mint magyarul csak a hangsúly a „dál"-ra került.

vanillin (szintetikus vanília)
ванилин (синтетическая ваниль)
По-венгерски как по-русски, только с ударением на „во“.
Oroszul mint magyarul csak a hangsúly a „lin"-re került.

variáció (= sokféleség)
вариация (= разновидность)
На венгерском произносится „вориацië“ с ударением на „во“.
Oroszul „váriácijá"-nak ejtik, a másodikon az „á" ékezettel.

vatta (bolyhos száltömeg)
вата (пушистая масса волокон)
По-венгерски произносится точно так же, как по-русски.
Oroszul pontosan úgy ejtik, mint magyarul.

vazelin (= petrolatum)
вазелин (= себонафт, петролатум)
По-венгерски как по-русски, только с ударением на „во“.
Oroszul mint magyarul csak a hangsúly a „lin"-re került.

vákuum (= légüres)
вакуум (= пустота)
По-венгерски произносится точно так же, как по-русски.
Oroszul pontosan úgy ejtik, mint magyarul.

vámpír (= vérszopó, vérszívó)
вампир (= упырь, вурдалак)
По-венгерски как по-русски, только с ударением на „вам“.
Oroszul mint magyarul csak a hangsúly a „pír"-re került.

váza (felül nyitott edény)
ваза (= сосуд)
По-венгерски произносится точно так же, как по-русски.
Oroszul pontosan úgy ejtik, mint magyarul.

veder (= vödör)

ведро (= цибарка, цыбарка)

На венгерском произносится „вэдэр" с ударением на „вэ".
Oroszul „vyedro"-nak ejtik, a „ro" ékezettel.

vektor (matematikai fogalom)

вектор (математическое понятие)

По-венгерски произносится точно так же, как по-русски.
Oroszul pontosan úgy ejtik, mint magyarul.

velodrom (pálya-kerékpározás)

велодром (велотрек кольцевого типа)

По-венгерски как по-русски, только с ударением на „ве".
Oroszul mint magyarul csak a hangsúly a „rom"-ra került.

velúr (bársonyszerű szövet)

велюр (бархатистая ткань)

По-венгерски как по-русски, только с ударением на „ве".
Oroszul mint magyarul csak a hangsúly a „lúr"-ra került.

velvet (szövet)

вельвет (ткань)

По-венгерски как по-русски, только с ударением на „ве".
Oroszul mint magyarul csak a hangsúly a „vet"-re került.

vengerka (magyar származású szolgáló, prostituált, táncos)

венгерка (прислуга, проститутка, танцовщица венгерского происхождения)

По-венгерски как по-русски, только с ударением на „ве".
Oroszul pontosan úgy ejtik, mint magyarul.

ventil (eszköz az egyirányú áramláshoz)
вентиль (прибор для потока в одном направлении)
По-венгерски произносится точно так же, как по-русски.
Oroszul pontosan úgy ejtik, mint magyarul.

ventilátor (szellőztető berendezés)
вентилятор (ротор для воздуха)
По-венгерски как по-русски, только с ударением на „вен".
Oroszul mint magyarul csak a hangsúly a „lá"-ra került.

veranda (fűtetlen, üvegezett vagy nem - a ház bővítése)
веранда (неотапливаемая, остекленная или нет - пристройка
дома)
По-венгерски как по-русски, только с ударением на „ве".
Oroszul mint magyarul csak a hangsúly a „ran"-ra került.

verdikt (= ítélet)
вердикт (= приговор)
По-венгерски как по-русски, только с ударением на „вер".
Oroszul mint magyarul csak a hangsúly a „dikt"-re került.

versok (régi orosz hosszmértékegység, 4,44 cm)
вершок (старорусская единица длины, 4,44 cm)
По-венгерски как по-русски, только с ударением на „вер".
Oroszul mint magyarul csak a hangsúly a „sok"-ra került.

verzió (= variáns)
версия (= вариант)
На венгерском произносится „вэрсиоу" с ударением на „вэр".
Oroszul „vyerzijá"-nak ejtik, a „vyer" ékezettel.

veterán (nyugdíjas katonai háboru résztvevője; régi munkás)

ветеран (отставной военный участник войны; старый работник)

По-венгерски как по-русски, только с ударением на „ве“.

Oroszul mint magyarul csak a hangsúly a „rán"-ra került.

véna (véredény, amely a vért a szívbe szállítja)

вена (кровеносный сосуд, по которому кровь движется к сердцу)

По-венгерски произносится точно так же, как по-русски.

Oroszul pontosan úgy ejtik, mint magyarul.

vétó (= tiltakozás)

вето (= запрет)

По-венгерски произносится точно так же, как по-русски.

Oroszul pontosan úgy ejtik, mint magyarul.

vibrátor (= rezgő; rázógép)

вибратор (= дрожатель)

По-венгерски как по-русски, только с ударением на „виб“.

Oroszul mint magyarul csak a hangsúly a „rá"-ra került.

vidra (állat)

выдра (животное)

По-венгерски произносится точно так же, как по-русски.

Oroszul pontosan úgy ejtik, mint magyarul.

villa (= luxusház)

вилла (роскошный дом)

По-венгерски произносится точно так же, как по-русски.

Oroszul pontosan úgy ejtik, mint magyarul.

virtuóz (különlegesen ügyes)

виртуоз (исключительно умелый)

По-венгерски как по-русски, только с ударением на „вир“.

Oroszul mint magyarul csak a hangsúly az „óz"-ra került.

vírus (= patogén)
вирус (= зараза)
На венгерском произносится „виируш“ с ударением на „вии“.
Oroszul „virusz”-nak ejtik, a „vi” ékezettel.

vitamin (szervezet tápanyag)
витамин (питательное вещество для организма)
По-венгерски как по-русски, только с ударением на „ви“.
Oroszul mint magyarul csak a hangsúly a „min"-re került.

vitéz (= harcos)
витязь (= богатырь)
На венгерском произносится „витэйз“ с ударением на „ви“.
Oroszul „vityázy”-nak ejtik, a „vi” ékezettel.

vitrin (üvegezett szekrény)
витрина (остекленный шкаф)
На венгерском произносится „витрин“ с ударением на „вит“.
Oroszul „vitriná”-nak ejtik, a „ri” ékezettel.

vizit (= látogatás)
визит (= посещение)
По-венгерски как по-русски, только с ударением на „ви“.
Oroszul mint magyarul csak a hangsúly a „zit"-re került.

vizsla (magyar kutyafajta)
выжла (венгерская порода собак)
По-венгерски произносится точно так же, как по-русски.
Oroszul pontosan úgy ejtik, mint magyarul.

vodka (erős szeszes ital)

водка (крепкий алкогольный напиток)

По-венгерски произносится точно так же, как по-русски.

Oroszul pontosan úgy ejtik, mint magyarul.

volontőr (= önkéntes)

волонтёр (= доброволец)

По-венгерски как по-русски, только с ударением на „во“.

Oroszul mint magyarul csak a hangsúly a „tőr"-re került.

vulkán (= tűzhányó)

вулкан (гора, извергающая лаву)

По-венгерски как по-русски, только с ударением на „вул“.

Oroszul mint magyarul csak a hangsúly a „kán"-ra került.

W

watt (elektro teljesítmény)

ватт (электро мощность)

По-венгерски произносится точно так же, как по-русски.

Oroszul pontosan úgy ejtik, mint magyarul.

X

xilofon (ütőhangszer)

ксилофон (ударный музыкальный инструмент)

По-венгерски как по-русски, только с ударением на „кси“.

Oroszul mint magyarul csak a hangsúly a „fon"-ra került.

xilográfia (fametszet, grafika típus)

ксилография (деревянная матрица, разновидность графики)

По-венгерски как по-русски, только с ударением на „кси“.

Oroszul mint magyarul csak a hangsúly a „rá"-ra került.

Z

zafír (kék színű ékkő)

сапфир (синий драгоценный камень)

На венгерском произносится „зафиир“ с ударением на „за“.

Oroszul „szápfir”-nek ejtik, a „fir” ékezettel.

zebra (lófélék vadállat)

зебра (дикая порода лошади)

По-венгерски произносится точно так же, как по-русски.

Oroszul pontosan úgy ejtik, mint magyarul.

zefír (szél; desszert)

зефир (ветер; десерт)

По-венгерски как по-русски, только с ударением на „зе“.

Oroszul mint magyarul csak a hangsúly a „fír"-re került.

zenit (fent az ég legmagasabb pontja)

зенит (высшая точка в небе над головой)

По-венгерски как по-русски, только с ударением на „зе“.

Oroszul mint magyarul csak a hangsúly a „nit"-re került.

zoológia (= állattan)

зоология (наука о животных)

По-венгерски как по-русски, только с ударением на „зо“.

Oroszul mint magyarul csak a hangsúly a „ló"-ra került.

zóna (= szakasz, terület)

зона (= сфера, участок)

По-венгерски произносится точно так же, как по-русски.

Oroszul pontosan úgy ejtik, mint magyarul.

Zs

zsabó (fodros szövetdísz a blúz mellény)
жабо (оборки на груди блузки)
По-венгерски как по-русски, только с ударением на „жо“.
Oroszul mint magyarul csak a hangsúly a „bó"-ra került.

zsakett (női zakó)
жакет (женский пиджак)
По-венгерски как по-русски, только с ударением на „жо“.
Oroszul mint magyarul csak a hangsúly a „ket"-re került.

zsargon (= szociolektus; csoportnyelv)
жаргон (= социолект)
По-венгерски как по-русски, только с ударением на „жор“.
Oroszul mint magyarul csak a hangsúly a „gon"-ra került.

zselatin (sűrítő oldható állati fehérjéből)
желатин (загуститель из растворимого животного белка)
По-венгерски как по-русски, только с ударением на „же“.
Oroszul mint magyarul csak a hangsúly a „tin"-re került.

zselé (kocsonyás deszert)
желе (студенистый десерт)
По-венгерски как по-русски, только с ударением на „же“.
Oroszul mint magyarul csak a hangsúly a „lé"-re került.

zseton (pénzt helyettesítő korong)

жетон (заменяющий деньги диск)

По-венгерски как по-русски, только с ударением на „же“.

Oroszul mint magyarul csak a hangsúly a „ton"-ra került.

zsidó (= izraelita)

жид (= еврей)

На венгерском произносится „жидоу“ с ударением на „жи“.

Oroszul a „zsid"-nek ejtik.

zsinagóga (épület, a zsidók imádságáért és társasági életéért)

синагога (здание, для молитвы и общественной жизни евреев)

На венгерском произносится „жинагоуга“ с ударением на „жи“.

Oroszul „szinágogá"-nak ejtik, a „go" ékezettel.

zsír (a víznél könnyebb anyag)

жир (вещество легче воды)

По-венгерски произносится точно так же, как по-русски.

Oroszul pontosan úgy ejtik, mint magyarul.

zsoké (lovas a hippodromban)

жокей (всадник на ипподроме)

По-венгерски как по-русски, только с ударением на „жо“.

Oroszul mint magyarul csak a hangsúly a „ké"-re került.

zsonglőr (tárgyakat dobáló és elkapó cirkuszi előadó)

жонглёр (цирковой артист, подбрасывающий и ловящий предметы)

По-венгерски как по-русски, только с ударением на „жон“.

Oroszul mint magyarul csak a hangsúly a „lőr"-re került.

zsurnalisztika (= újságírás)

журналистика (= публицистика)

По-венгерски как по-русски, только с ударением на „жур“.

Oroszul mint magyarul csak a hangsúly a „li"-re került.

zsűri (= szavazóbizottság, bírálóbizottság)

жюри (оценочная комиссия)

По-венгерски как по-русски, только с ударением на „жю“.

Oroszul mint magyarul csak a hangsúly a „ri"-re került.

Angelika Regossi a térségben zajló példátlan történelmi változások – a vasfüggöny leomlása, a NATO és az Európai Unió bővülése, a kommunizmusból kapitalizmusba való átmenet idején volt a BBC Radio (British Broadcasting Corporation) kelet-európai tudósítója.

A BBC mellett külső munkatársként tudósított az RFI (Radio France International) és a DW (Deutsche Welle) rádiónak, TV-producerként tevékenykedett Belgiuman (VRT), Németországban (Spiegel), Hollandiában (NOS), az USA-ban (Amerika Hangja). Abban az időben Agnes R. Bos vagy Агнеш Бос néven dolgozott.

Angelika Regossi a régió számos szegletéből beszámolt be Kelet-Európa legjelentősebb történelmi eseményeiről: Jugoszlávia szétesése idején a balkáni függetlenségi háborúkról (1991–2001); Slobodan Milosevic jugoszláv elnök lebuktatásáról (2000) és a háborús bűnök miatt ellene a Hágai Törvényszéken folyó perről (2002).

Dolgozott Kanadában a Quebeci függetlenségi népszavazás idején (1995), tudósított az iraki NATO-háborúról (2003), beszámolt a burmai dzsungelben zajló Karen- polgárháborúról és a laoszi vallásüldözésről (2005), a grúziai orosz háborúról (2008) és a világban zajló számos más jelentős eseményről.

Angelika Regossi 1964. április 21-én született Kárpátalján, Ukrajna legnyugatibb csücskében. Korán kezdett írni, problémái voltak azonban a kommunista hatóságokkal, akik szibériai munkatáborba száműzték a nagyapját. Mivel családjában nem voltak kommunisták, Regossinak kevés esélye volt arra, hogy a Szovjetunióban uralkodó autoriter rezsim közepette megvalósítsa önmagát.

Ezért költözött 1989 szeptemberében a szomszédos Magyarországra, ahol a kommunizmust már felszámolták. A BBC után Angelika Regossi 2015-ben Hollandiába költözött, ahol továbbra is Kelet-Európáról szóló televíziós dokumentumfilmeket készített.

Angelika Regossi egyetemi végzettséggel és speciális oknyomozó újságírói szakképesítéssel rendelkezik, beszél angolul, hollandul, magyarul, oroszul, ukránul, szlovákul és más szláv nyelveken. Hobbija a kertészkedés, a bridzselés és, természetesen, az utazás.

Анжелика Регосси была корреспондентом в Восточной Европе на радио BBC (British Broadcasting Corporation) во время беспрецедентных исторических изменений в регионе: падение «железного занавеса», расширение НАТО и Европейского Союза, переход от коммунизма к капитализму.

Помимо BBC, она была внештатным корреспондентом на радио RFI (Radio France International) и DW (Deutsche Welle). Также была продюсером на телевидении Бельгии (VRT), Германии (Spiegel), Голландии (NOS), США (the Voice of America). В то время она работала под именем Agnes R. Bos или Агнеш Бос.

Анжелика Регосси много путешествовала по региону, рассказывая о важнейших исторических событиях в Восточной Европе: о нескольких балканских войнах за независимость во время распада Югославии (1991–2001); о свержении президента Югославии Слободана Милошевича (2000) и военном трубунале над ним за военные преступления в Гааге (2002).

Регосси также работала в Канаде во время референдума о независимости Квебека (1995); во время войны НАТО в Ираке (2003); делала репортажи из Бирмы о Каренской гражданской войне в джунглях и о религиозных гонениях в Лаосе (2005), о российской войне в Грузии (2008) и о других крупных событиях в мире.

Анжелика Регосси родилась 21 апреля 1964 года в Закарпатье, самой западной области Украины. Она начала писать в раннем возрасте, но у нее были проблемы с коммунистическими властями, которые репрессировали ее дедушку в трудовом лагере в Сибири. Не имея в семье коммунистов, у Регосси было мало шансов найти себя в авторитарном СССР.

Поэтому в сентябре 1989 года она переехала в соседнюю Венгрию, где как раз коммунизму пришёл конец. Закончив работу репортером на ВВС, в 2015 году Регосси переехала в Нидерланды, где продолжила работу над различными телевизионными документальными фильмами о Восточной Европе.

Анжелика Регосси имеет высшее образование и специальную подготовку в области журналистских расследований. Регосси говорит на нескольких языках: английском, голландском, венгерском, русском, украинском, словацком и других славянских языках. Ее хобби – садоводство, карточная игра бридж и, конечно же, путешествия.

Történelmi novellák és korhű receptek:

Cooking and Politics. Russian Colonial Food. Journey Through the Dissolved Communist Empire (2022)

Szótárak („Ezer Szavam" sorozat):

Russen en Nederladers zeggen hetzfelde. 1,000 woordenboek met utileg (2023)

In English as in Russian. 1,000 words book with explanations (2024)

Regény:

Love in Communism. A Young Woman's Adult Story (2024)

Исторические повести и аутентичные рецепты:

Cooking and Politics. Russian Colonial Food. Journey Through the Dissolved Communist   Empire (2022)

Словари (серия „Моя тысяча слов"):

Russen en Nederladers zeggen hetzfelde. 1,000 woordenboek met utileg (2023)

In English as in Russian. 1,000 words book with explanations (2024)

Роман:

Love in Communism. A Young Woman's Adult Story (2024)

9 786150 195629